從畫畫覺察孩子情緒

一幅畫及時發現孩子需求，讓彼此內在連結更緊密

作者——賴育立（皮皮老師）

目錄

學員推薦 004
自序 008
前言 014

第一章 畫裡有故事

- 媽媽的背影 021
- 漂浮的房子 029
- 側面人物及短短的手 036
- 下雨和沒有畫出的腳 043
- 沒有四肢和不會飛的鳥 052

第二章 看畫和讀心

- 兒童畫與成人畫完全不同 062
- 孩子的繪畫發展階段 067

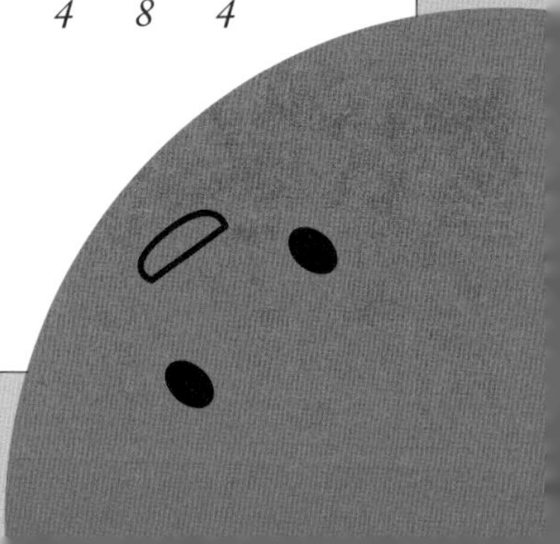

孩子的畫可以看到什麼？……092
畫作中的「求救訊號」……109

第三章 對話和連結

你的孩子是哪一型？……136
皮皮老師的四層看畫法……148
聊出正向特質的聊畫法……174
在家就能聊的聊畫原則……196

第四章 教養和覺察

從孩子的畫看見更好的教養……210
從觀看孩子到觀看自我……214
給父母的自我覺察練習……217
孩子，是來幫助我們內在成長的貴人……237

學員推薦

因為女兒愛畫畫，才找尋到老師的社團和課程。一開始只是想學習如何看懂孩子的畫，沒想到課程如此豐富，涵蓋了兒童繪畫發展理論、繪畫心理學、色彩學、藝術治療發展史等內容。課程中老師讓我們親自畫圖，透過繪畫的線條、色彩、構圖的解析，幫助我們更了解自己的內在心理層面，也讓我們更看懂孩子的畫作了。

——朱怡穎，一個努力想要引導孩子發揮天賦自由創作的媽媽

身為家長，總希望自己是第一個發現孩子問題的人，皮皮老師把艱深難解的學者論點，用簡單明瞭的方式教會了我們，原來透過孩子的畫作，能了解孩子近期需要關注的部分，皮皮老師詳細且毫無保留的分享，也讓我更了解自己！現在我更明白該如何對待孩子，這是我沒想到能在這堂課學到的，很開心現在擁有「看懂孩子畫作祕密」的能力。

——水栩茜，一位很希望能幫助孩子的媽媽

本來帶著孩子的畫作想跟老師討論孩子目前的情緒狀況，卻變成了自我的察覺。我沒想到簡單的「塗色」，居然就能看穿我自己！不論是個性甚至是內心想隱藏逃避的往事。而「房—樹—人」的畫作解析理論，讓我驚訝原來畫作解析真的都有各自的含意，讓我覺得非常神奇而想繼續鑽研下去！覺察了自己，更能看清孩子的畫作和真實想法，孩子原來是這樣認為、這樣理解的，難怪孩子會反彈、難怪孩子會不悅……。藉由看懂孩子畫作，也讓我能深思並調整我與孩子相處的模式，像走捷徑般地讓我很快掌握自己方向是否正確，真的非常感謝皮皮老師無私的分享！

——曾雅偵，一位希望孩子內在與外在同樣快樂的媽媽

那天老師幫我們解析畫作時，我很認同老師說的，也知道老師是點到為止，畢竟很多事情只有我們自己了解。我的畫真的反應很多內心深處的事，老師解說時我都有「沒錯，就是這樣」的心情，又剛好我是一個會把心事藏得很深的人。記得老師問我的原生家庭有發生什麼事情嗎？其實當老師說煙是黑的，燈也是關的，我就理解了。在大學唸書的重要時刻，我面臨媽媽離開，一夕之間被迫成長到並非當時年齡可以負荷的狀態……

我很謝謝老師創立這個社團，我常看老師的分析，雖然不太發問，但看完我都會自己消化或找相關資訊來看，再內化去幫助孩子。遇到老師後我更覺得我的理念是對的，創業至今也一直保持這樣的狀態在教學，真的非常感謝老師。

——YU，一位想更瞭解孩子、想讓孩子能盡情揮灑並傳遞理念給家長的美術老師

很慶幸在馬來西亞也能透過網路上到皮皮老師的課。老師的講解深入淺出，分享的理論、技巧和實際案例讓我能輕鬆地學會如何看懂兒童畫裡的內心世界，原來畫裡真的顯露了許多潛意識。現在我遇到有狀況的孩子，我就會讓他們畫畫，讓我了解這孩子今天這麼皮原來是氣媽媽沒有陪伴，或是那孩子那麼嘰喳是為了掩飾內心的焦慮等。謝謝老師用心編排的課程。

——Amy Lee，一位想更了解孩子的美術老師

賴老師的教學經驗豐富，在短時間內非常有系統地介紹兒童繪畫發展理論，同時藉由孩子們的作品說明了內心狀態及孩子真正的需要，避免對孩子錯誤的引導和評價，我想這是每位關心孩子成長的家長和老師們最關心的事了。「看懂孩子畫作祕密」這門課，不僅讓我更

加了解孩子的感受，同時也能反觀我們自身的狀態。在教學過程所遇到的疑難雜症也都在賴老師的課程中獲得解答，真心推薦同樣從事兒童美術教育的老師們一起來學習。

——傅旋，一位重視孩子感受與創造力的老師

身為美術老師的我，最常跟家長們推薦的就是賴老師的臉書社團。聽老師解畫和練習期間，感覺每個人都被療癒了。賴老師真的很用心在幫助大家，課程內容實用、過程氛圍自在。

——王昭雁，希望更多孩子與家庭受益的美術老師

這堂課讓我更認識了自己，以前不確定的想法，上完課後變得開闊又明確，不再猶疑不決，更能大步向前邁進。尤其老師對於每位同學的畫作解析，後勁很強！很感動，感覺內心深處無解的部分找到了出口，能量很強大啊！回家後我和家人做了練習，解讀出的結果就像說明書一樣，我更能了解如何與他們自在相處了。

——Umi Su，一位自覺差點抹殺孩子無限創意的媽媽

自序

二〇一四年八月，我成立了「爸爸媽媽的兒童美術教室」這個臉書社團，想跟爸媽們分享一些兒童美術、繪畫心理學與親子教養上的理論、觀念與經驗。後來為了能跟社員們更深入地分享討論，開始寫下「從孩子的畫作看懂孩子的內心世界」一系列的文章，也促成了出版這本書的機緣。

這些故事引爆了家長強烈興趣與好奇，他們非常關心孩子，也非常想瞭解如何從孩子的畫去讀懂孩子的內心世界，只是不知道有這樣的技術和方法。於是順應家長的需求和期盼，我以這個主題舉辦了全省巡迴的講座，在去年一整年裡舉辦了將近五十場講座，與近八百位家長分享了許多觀念、經驗和方法技巧，而堅定我的信念、促使我不斷往前走的，其實是一個小女孩。

還記得安琪第一次走進畫畫教室，是躲在媽媽背後。媽媽穿著打扮很體面，說話充滿自信、光彩，我記得她說的第一句話是：「老師，我這孩子其他功課都還好，就是很不會畫畫，妹妹現在四歲都畫得比她好，要請您多教教她。」

我看到安琪頭低低的，我心裡揣想著這孩子會是什麼情況。但實際瞭解之後，發現情況比我想像的還嚴重——我是指孩子「內心受傷」的程度。

安琪剛升小一，五官很清秀，父母對她的穿著打扮很用心，看起來家境不錯，只是「家教甚嚴」，所以一進教室就很有規矩地坐著上課，安安靜靜地不發一語。那天我先跟孩子們分享《稻草人》繪本故事，孩子的創作內容中，要畫出自己想像的稻草人故事。前面引導完，其他孩子們都開始進行創作了，安琪卻坐在位子上一動也不動，感覺很緊張。

我能理解要這樣「內心受過傷」的孩子畫出「一個故事」是有點難度的，所以我跟安琪說今天只要畫出「一個稻草人」就好，安琪張大那雙漂亮的眼睛，再害羞地低下頭，手動了一下鉛筆，似乎想嘗試畫出點什麼。我怕給她壓力，先走去看其他孩子的創作。大約過了五分鐘後，我走回她的身邊，安琪的圖畫紙依然是空白的。

我蹲下來在安琪身旁，帶著她再回想今天稻草人的故事內容，又帶她去電腦前觀察幾張稻草人的圖片，然後我們討論著她希望稻草人的造型、特徵及可以怎麼畫。討論完，心中思索著這樣引導過後，安琪應該可以畫出一個稻草人了吧？

但我們回到圖畫紙前，安琪握著鉛筆，卻一樣一筆也畫不出來。

我心裡有點驚訝，因為以往這樣的引導過後，幾乎所有孩子都可以「開始畫點什麼」，但安琪依然只是緊張地握著畫筆，窘促地快要哭出來的樣子。我心裡想著，是發生什麼事情讓這孩子在正常最能恣意畫畫的年紀，卻一筆也畫不出來。

我再度坐到安琪身旁，退讓我的引導標準到：「安琪，那我們來畫一頂三角形的帽子送給稻草人好嗎？」一般來說，我不會告訴（指示）孩子該怎麼畫或是畫什麼，但對於安琪這樣的孩子，我覺得應該再降低標準，讓她畫出「她能畫」的內容，所以我請她畫出一個「三角形」，然後預計在她畫出「三角形」的稻草人斗笠後，給予她讚美和鼓勵。

結果，我意外的發現，安琪連「三角形」也不敢畫！

我心裡想著，她在害怕、擔心什麼呢？怕老師覺得她畫不好、還是怕被同學笑或回去被家人罵？怕自己畫錯？怕別人覺得她畫得很糟很醜？怕別人覺得自己很笨？

我心裡一直思索著各種可能性，然後我做出了生平第一次的舉動，我「抓著安琪的手」，慢慢地畫出一個「三角形」，然後告訴安琪：妳看，妳畫出了稻草人的帽子了！我們接著來畫稻草人的臉好嗎？安琪點點頭，終於在三角形的下面畫了一個圓形，然後我們繼續討論著稻草人的身體可以怎麼畫……

安琪的第一堂課，就這樣「很勉強」地畫出了一個簡單的稻草人，當然我給了她大大的鼓勵與讚美，我企圖先恢復她的信心，而不是在乎她畫得如何。

下課時，媽媽一到教室，一眼就看出桌面上孩子們的作品中，畫得最少的那張是安琪的作品。媽媽大聲地跟我說：「老師，妳看，她是不是很不會畫，別人都畫那麼多，她就是什麼都不會畫。老師，她上課有認真嗎？她是不是說她都想不到？她是不是都說她不會畫？她……」

媽媽後面說的話，其實我已經不記得了，也沒有在聽，只是心裡在淌血，然後盤算著要怎麼教育這位家長……

即使過了這麼多年，當時安琪和媽媽的許多畫面依然縈繞在我心中，我的教學生涯中遇到不少這樣的家長，很直白地在孩子面前批評孩子的繪畫表現，深深傷害了孩子卻不自知。我深深瞭解到許多不愛畫畫、害怕畫畫、討厭畫畫的孩子，都是在成長歷程中受傷了，而這樣不經意傷害孩子的，反而是最愛他們的父母和家人。

但我知道這部分不能完全責怪父母或家人，因為在我們的成長歷程中真的很少有人教我們兒童繪畫發展概念及兒童本位思想，很少有人教我們如何觀看並連結孩子的心，而我們也大多沒有天生具備適宜的溝通方式和教養觀念。

身為父母我們都是新手，在陪伴孩子的過程中，我們因為愛孩子而願意努力學習、提升並改善自己。只要我們願意停下來，真誠地觀看孩子的內心世界，將會有完全不一樣的結果。而孩子的畫就是最好的媒介，不只培養了孩子美學涵養，更能讓孩子抒發內心的情緒，也是我們與孩子連結的最好工具。

所以我希望透過這本書跟大家分享的是，觀看孩子的畫其實有許多面向，可以觀看孩子在美術形式上的創作表現，也可以觀看孩子的情緒與內心世界。而觀看孩子的同時，更重要的，孩子也幫助我們覺察自己！希望這本書能夠開啟您和孩子有更深層的心的連結。

最後，關於這本書能夠完成，我想感謝編輯尚鈴協助我不斷調整全書架構及去蕪存菁的工作，我們修改了八個版本才完成此書；感謝一路支持我的家人、朋友，包容我在成長歷程中不成熟的地方，以及接納我想做自己的這份理想和目標；感謝以前我在陽光國小的校長、主任和同事們，您們帶給了我人本教育和創新教學的理念，堅定了我尊重、引導、陪伴孩子的教學風格；感謝古今中外諸多專家學者、聖賢哲人們，您們開拓了我的視野，並讓我們後人得以踩在諸位巨人肩膀上，往高層次修行之路前進；感謝所有參與我臉書社團、講座、課程的爸爸媽媽和老師們，在我們的問答之間，不但提供了我許多真實案例，也豐富了我的閱歷；還有我想好好感謝帶給我許多學習成長機會的學生孩子們，以及我的兒子賴恩，從您們身上我看到了自己既有的觀念、習慣和諸多毛病，據此我得以有新的學習並調整自己！

由於您們的參與，我才得以完成這本書，以及後續我想寫的許多本書，感謝您們！

我也非常感謝老天安排了我人生中諸多淬煉，讓不圓滿的自己有機會看到圓滿的可能樣貌和努力方向，雖然我離這個目標還相當遙遠！我知道老天在我成書過程中給了我諸多提示和引領，有時我毫無頭緒一個字也寫不出來，有時卻靈感如泉湧一般一氣呵成寫下極為重要的內容，我知道這些內容都是您希望我傳達給父母、老師的。

最後，我想說這本書中所寫的，絕大部分都不是我個人的觀點和創見，大多是我花了許多時間閱讀到前哲先賢的智慧結晶，我只是串連、內化後轉為分享給各位，這些都是前人思想的精華，我相信也蘊含著神的旨意，因此我誠摯地邀請您細細品讀我真正想傳達給各位的內容。

深深地祝福您！

皮皮老師

二〇二一年七月十一日

前言

從孩子的畫，真的可以看懂孩子的情緒、瞭解孩子在想什麼、進入孩子的內心世界嗎？這本書除了要帶你看懂孩子的畫、讀懂孩子的心、覺察孩子的情緒，更重要是要帶你和孩子的心連結，還有引導你與自己的心連結。

市面上談教養的書很多，但談兒童美術的書卻很少，從兒童美術談到繪畫心理學，再連結到親子教養的書更是屈指可數。但孩子畫畫這件事，幾乎是所有家長都會面臨到的議題。有太多家長困擾孩子常說他不會畫、一直要媽媽畫給他看、想看著圖片仿畫，或是不愛畫畫、排斥畫畫。更多家長不知道怎麼看孩子的畫，不知道怎麼指導孩子畫畫，更不知道如何從孩子的畫裡看到孩子的內心情緒，或是否內心潛藏壓抑著什麼問題。

在我的教書生涯中，前五年是國小老師，之後將近二十年則是課後才藝班的兒童美術老師。教學初期，我會比較注重孩子的「美術性創作表現」，下課後我和家長分享的主要是孩子上課中畫的線條、圖形、用色、媒材技法、有沒有想法（創造力）、上課乖不乖（專不專心）以及和老師同學的互動情況……。

隨著年齡增長，接觸了（繪畫）心理學、藝術治療、佛陀的人生哲理、心靈課程、神秘學、薩提爾和阿德勒的正向教養法……等不同領域，我觀看的對象，慢慢轉移到「孩子的內心世界」。

孩子在創作時，我認真觀察不同個性孩子所畫出來的線條、圖案、構圖、用色。我仔細研究看起來急躁隨便或穩定有力的線條，是什麼個性孩子畫出來的。

引導的同時，我內心也思索著這孩子為什麼常說畫不出來、不知道畫什麼？為什麼會選這個顏色以及這樣塗色？孩子畫的時候心裡在想什麼？他開心嗎？為什麼感到沮喪？為什麼這麼沒有自信？是誰讓她受傷的呢？她為什麼要把畫的圖案塗掉或遮起來，怕別人看到嗎？這孩子在擔心什麼呢？怕被笑？怕老師罵他或說他畫得不好？

我也經常觀察不敢畫和很享受畫畫的孩子，思考他們畫的內容與本身性格的關係，思考他們父母說話的方式、語氣、內容、觀點對他們孩子產生什麼影響？我更認真觀察各種不同性格、思想的父母，他們的孩子會有什麼不同的繪畫和行為表現？我還會私下問孩子，老師或爸媽這樣評論時，你們的感受是什麼？你期望老師或爸媽對你說什麼？或你們在創作時，希望老師或爸媽怎麼陪伴你們呢？

教學越久，我跟家長談論的內容，除了孩子的美術創作表現、想法創意和學習情況外，更多是孩子情緒、感受、自信心、安全感……等內在心理層面。我也變得更喜歡探索父母自身的感受、觀點、期待……等內在冰山，以及讓他們覺察到自己平日的教養方式和態度對孩子產生的影響。

就這樣不知不覺地，觀看孩子和家長的內心世界變成了我的習慣，慢慢地觀看孩子畫作時，我似乎也越來越能憑藉著經驗與直覺，瞭解孩子內心真正的想法，以及感受到他們創作當下的生命能量。我知道哪些孩子需要推一把，哪些孩子活得很健康。

上課時和每個孩子聊畫，我加入了更多內心世界的連結與關懷，我花更多時間在孩子內心世界的運作，給予孩子內心世界的療癒、心理建設、支持與鼓勵。

透過對孩子內心世界的關注，孩子感受到我真誠的觀看、支持與陪伴，受傷的孩子變得較有信心、不愛畫畫的孩子變得對畫畫較有興趣、愛畫畫的孩子更恣意享受創作的喜悅了！我發現原來孩子畫畫這件事，我們大人真的不用「教」什麼，而是應該多往他們的內心連結，多給予關愛、支持與鼓勵，加上一點適度的引導，孩子心理健康了，自然會展現出讓我們大人充滿驚喜的創意表現。

透過用這種方式與孩子相處，我發現我能夠更貼近孩子，孩子也更喜歡畫畫以及更喜歡我，所以我的支持肯定與讚美鼓勵更能帶給他們力量。給予孩子自由與尊重，孩子會畫得非常開心，也會有發自內心散發出來的喜悅和自信。所以我很希望跟父母們分享這份美好。

本書的前兩章我會說明如何讀懂孩子的畫，看孩子目前可能遇到什麼問題，但觀看只是第一步，並沒有解決問題，所以第三、四章是更重要的第二步，我會談到如何從孩子的畫作去跟孩子聊畫、如何透過聊畫帶給孩子更多正向能量，以及如何帶領孩子和我們自己做自我覺察、覺察什麼、如何連結孩子和自己的心。而最後最重要的是我們如何調整與改變，解決問題，並且跟孩子建立更緊密的親子關係。

我必須老實地說，孩子通常沒有問題，有問題的通常是家長。父母在觀看孩子內心世界的同時，常可以從孩子身上看到自己的影子。因此我常半開玩笑地跟家長說「孩子是我們的照妖鏡」，孩子的個性、思想和行為表現深受我們父母的影響，父母的身教言教無時無刻不在影響著孩子，所以孩子是我們自身的投射，孩子表現出來的問題往往也是我們自身的問題或是大多由我們所引起的。

因此，若能透過觀看孩子的情緒，瞭解他們的內心世界，進而做到觀看自己內心世界的「自我覺察」，並且因為對孩子「無條件的愛」而讓我們願意改變、調整與提升。你會驚訝地發現，當我們轉念或改變後，許多個人、親子或家庭問題都會迎刃而解！

這本書分享的也是孩子、家長們帶給我自己「自我覺察」後的成長與改變。所謂教學相長，在孩子與家長面前，雖然我的角色是老師，但透過與孩子、家長們的互動，我發現其實受益最大的是我自己，因為我也觀看到自己許多的不足及待提升之處，並努力在修煉自己。在這條與孩子、家長們相伴的學習之路上，我深刻體會到往內心世界觀看、自我探索與覺察，最後願意調整與改變，真的是我們生命最大的意義與價值！

第一章

“畫裡有故事”

孩子的畫傳遞出很多訊息，除了我們觀看到的美術元素，其實還有更多內心世界的投射在其中。

在這一章我會分享從孩子畫作中如何透露出內心世界的故事，這些都是我之前在臉書社團中與社員媽媽們的討論內容。希望透過這些故事分享，除了讓大家可以更了解孩子，也可以幫助我們覺察自己以及自身教養方式對孩子的影響，在自我調整與提升後改善親子關係。

畫作的解讀上，我運用的是精神分析心理學的理論基礎，以及繪畫心理學中繪畫投射測驗的歸納資料及解析技術。根據我自己運用的經驗，大部分內容準確度都相當高，但它們仍只是提供我們線索或參考，並非絕對。因此各位若對這些領域有興趣，也可以參考相關專業書籍，但仍建議不可按圖索驥，不要只依照書籍所寫的內容就去解讀孩子、幫孩子貼標籤或妄下論斷，而是要經過更多與孩子的核對，才能看見最接近真實的樣貌。

單張作品的特殊訊號或許可以提醒我們要多關心、多深入了解孩子的內心情況，但不適合據此就做出定論，越多張作品越能提供我們更完整、更客觀的參考依據，而更重要的是要與當事人或相關人多做核對與討論。每張作品呈現的是畫者當下的心理，當現實情況或內在心理有所改變時，畫的形式、內容都可能會有很大的改變。所以在這五篇故事當中，我會請這些媽媽再提供我一些孩子的其他作品做為參考，並進行更多討論做為判斷依據，礙於篇幅關係，只摘錄重要對話內容。

媽媽的背影

在我的臉書社團裡，除了固定撰文分享一些美術教育觀念，我也經常邀請社員家長們分享孩子近期的繪畫作品，和家長們討論孩子在美術創作或上課學習時遇到的問題，有些家長們遇到孩子創作上的特殊情況也會私訊請教我。但這天早上起床後，一位媽媽在社團貼文中上傳了這張孩子畫的家庭圖，我第一眼看到這張作品，就忍不住主動私訊這位媽媽。

這位媽媽在上傳的圖片說明中描述：「七歲多的女兒畫我和家人，她說爸爸在澆花、她在拍球、弟弟在跟貓咪玩、媽媽在掛

旗子佈置，所以沒有臉，那是媽媽的背影。孩子畫人物的順序是弟弟、爸爸、她自己，媽媽最後。」

這不是一幅很和樂的家庭圖嗎？有什麼奇怪的地方嗎？

不知道你有沒有注意到，孩子畫了背影的媽媽。當然不是畫出「背影人物」都代表有問題，而是加上其他線索後，才引起我較大的好奇，並覺得需要進一步跟這位媽媽聊一下，多了解孩子的情況。

另一個引起我好奇的地方是孩子畫人物的順序——媽媽是最後一個畫出來的！

這種情況比較少見，一般媽媽是孩子的主要照顧者和情感依附對象，通常和孩子的關係比較親密，也是孩子心中比較重要的角色，因此大多會較早被畫出來，但在這幅畫中媽媽卻是最後被畫出來的人物。我詢問這位媽媽她和孩子平時的親密度為何，媽媽表示她和孩子的感情很好，但這更讓我感到疑惑，也更凸顯孩子最後畫出她是不太尋常的訊號，可見孩子當時內心裡對媽媽有一些特殊想法。

孩子和媽媽中間有一大段距離，這訊息依然透露出當時孩子內心裡和媽媽有一段「心理距離」，這點也呼應著孩子最後畫出媽媽的情況。孩子和媽媽的距離不但遠，中間還隔著爸爸和房子。將爸爸和房子橫亙（也可視為「阻擋」）在孩子和媽媽中間，可能投射著出爸爸和家庭（房子）是當時孩子和媽媽之間的矛盾點。而孩子比較靠近誰呢？是爸爸。

孩子畫出「傾斜的樹」同樣吸引了我的注意。在房樹人心理測驗[1]中，樹代表著「畫者的成長歷程和生命能量」，所以傾斜的樹也透露著孩子目前缺乏穩定的力量，可能處在混淆、混亂或傾斜的狀態中。而象徵孩子目前狀況的樹冠是畫到圖畫紙外面且不完整的，這可能投射出孩子想逃避、自己也不清楚現況、無法掌握目前處境或是有不完整感的內在心理。

最後還引起我注意的是三角形的旗子。尖銳的三角形通常象徵著危險性、傷害性或衝突感，所以我感覺到孩子帶點抗拒、反叛性或攻擊性，尤其孩子是畫媽媽在掛這些三角形旗子，更可能象徵媽媽帶給她危險性和不安全感。

基於以上種種線索，我才想主動關心一下孩子或家裡是否有什麼狀況 發生。我先核對媽媽平常管教女兒的情況，因為一般常見的狀況是父母過於嚴厲的管教、打罵，容易導致孩子有負面情緒或有排斥、抗拒、疏離的心理產生，因此我想先了解是不是媽媽的管教過於嚴

1. 一九四八年巴克（John Buck）發明了房樹人繪畫心理測驗（House-Tree-Person）。後來伯恩斯更進一步（Robert C. Burn）提出將房樹人三者畫在同一張紙上，因而能觀察三者之間的互動關係，了解繪畫者更多的內在投射。

厲，而造成孩子有這樣的心理距離。

媽媽說：「我們家是我在管教小孩比較多，因為爸爸工作很忙，但是爸爸有空就會陪孩子們玩。最近爸爸因為疫情關係沒工作了，都在家幫忙照顧孩子、接送和陪寫作業，我都在忙工作，所以當女兒畫完這幅畫，我有感覺到我是不是最近比較不得孩子的心了？」

媽媽似乎也有嗅到一些異樣，於是我繼續問：「最近有發生什麼事情嗎？尤其是妳和她之間？」

接著，媽媽說出了問題的癥結：「前陣子我跟老公吵架，吵到差點離婚！我們正在賣房子，打算搬到中部的婆家（我們目前暫住北部娘家）。因為老公想回中部創業，我也決定放棄工作陪他一起回去打拚，但他賦閒在家的這段期間，明明沒工作卻不太打理搬家的事，我忙工作又忙搬家，身心有點無法負荷，還去看了身心科，所以才提想離婚（但我有說孩子要跟著我）。女兒知道後非常傷心，要老公來求我，我最後也是捨不得孩子才放棄分開。後來老公有說他會改進，最近變得勤奮很多。

「女兒當時跟老公說了一句讓我們很震撼的話，她說：『我們現在已經沒有家了，如果爸爸媽媽也分開了，我的家在哪裡？』這是我們吵完老公轉述給我聽的，聽完心很痛。」

我很感謝這位媽媽很真誠地跟我分享家裡真實情況，於是我也試著跟這位媽媽分享我在孩子畫中看到的一些可能性的心理投射。

我跟媽媽解釋說明：「畫出『背面』人物，很可能代表孩子此時有不願面對或不知如何面對的心理，她畫的背面人物是妳，所以內心裡可能潛藏著對妳有某些地方的不接受或不知如何面對。畫背面就可以不用畫出妳的五官表情，也象徵著逃避去面對妳。因此我才想多了解妳們之間最近有發生什麼事。」

我也補充說明，孩子若是正在練習不同人物角度的畫法，例如嘗試畫出側面、背面或斜側面的人物，或是客觀寫實地記錄人物角度、方向、位置，而觀察孩子近期也沒有什麼特別的負面情緒或異常行為表現，那麼看到孩子畫出背面人物就不用太擔心。但若沒有這些情況，孩子平時也不會畫背面人物卻突然畫出來，那麼就需要提高警覺進一步探索孩子最近是否有發生什麼事情，導致產生這樣的特殊心理。

而根據媽媽引述孩子所說的話：「我們現在已經沒有家了，如果爸爸媽媽也分開了，我的家在哪裡？」這不就是那棵傾斜的樹嗎？孩子此刻內心充滿混亂、不安與無能為力感，孩子也因為內心充滿擔憂、恐懼、焦慮等負面情緒而傾斜、站不穩。沒有畫出完整的樹冠，正也投射出孩子對於現況或未來無法掌握、沒有清楚目標的心理感受啊！

後記

因為這次對話，我和這位媽媽一直都保持聯繫而變成很好的朋友。後來她們全家順利搬到臺中創業開啟了新的人生，目前生活幸福，一家團結努力於發展先生的新事業。因為出書，我特別邀請她針對之前我們的對話寫一段感想，以下是她給我的回覆：

我的工作是幼教，時常帶工作回家做，而我先生以前通勤到臺北上班，回到家都很晚，所以我像偽單親媽媽一樣，工作時把孩子帶在身邊，回到家依然要工作跟照顧孩子。幼教工作壓力比較大，我沒有控管好自己的情緒，在學校是人人稱讚的好老師，回家後卻不自覺把情緒帶給孩子。這也是為何後來我們夫妻倆決定要打破這個惡性循環，不希望家庭瀰漫著這種氛圍跟運作模式。

婆家的長輩身體每況愈下需要人照顧，婆婆的生意也需要幫忙，種種原因迫使我們決定賣掉房子，準備舉家搬回鄉下婆家生活。但畢竟我從小都在我的父母身邊生活，就算出社會也不曾遠離過我的家人及城市。對我來說，要搬到臺中其實是很困難卻也不得不做的決定。很巧的是，碰到疫情，老公還沒提離職就先被資遣沒工作了，我們也想剛好他能處理搬家跟賣房子的事。我們為了賣房子，全家先搬到娘家短住幾個月，打算等孩子們學期結束就正式搬回婆家。

但這幾個月以來，我先生並不如預期地認真收拾搬家物品，我上班回家再過去幫忙整理，發現沒什麼進度都很生氣，可是他都以很累為理由，就這樣一天拖過一天。我本來以為他沒有工作之後會更顧家，沒想到他都不做事，我又一直被娘家追問：房子整理好了嗎？開始賣了嗎？我又因為要準備離職交接，工作量變多，看老公這樣的表現讓我十分沒安全感，開始出現很多矛盾的想法，不太想跟他回婆家打拚，因為我覺得看不到未來⋯⋯

我開始時常跟他大吵小吵，吵到要離婚，孩子也被影響到。我很愛孩子，我跟老公說過我什麼都可以不要，只要兩個孩子跟我。就在那段尷尬期，我剛好看到了老師您在徵圖，讓孩子畫房樹人和家庭圖，我就請孩子畫畫看。姊姊很認真地完成了，但是我看到時就覺得不太妙，**為何我是背影，其他人都笑得很開心？**

我很難過，因為爸爸可以每天無憂無慮、笑咪咪地陪小孩，我卻被壓力壓得喘不過氣，每天緊繃著臉。

老師突然私訊聯繫我時我很訝異，因為上傳圖畫的家長眾多，不知道老師為何會特別關注女兒的圖，後來經過老師分析之後，我是邊哭著邊看完的。

我們想做出改變是希望孩子更好，卻在這過程傷害了孩子，女兒非常懂事什麼都沒說，其實默默的都在承受、恐懼著我們會分開，她還說出：「我們已經沒有家了，如果爸爸媽媽也分開了，我的家在哪裡？」這番錐心刺骨的話……。

老師分析之後，我有跟女兒聊聊她的畫作，照老師教的問法慢慢讓她敞開心房跟我聊，並且在最後給她大大的擁抱，告訴她我真的很愛她。

我也有把這些過程跟先生討論，他也才被點醒，開始比較努力去做事。我有去身心科拿藥吃，醫生說是壓力太大導致自律神經失調，不是什麼大問題，認真服藥後也改善很多。就這樣，我們順利搬到婆家了。在中部定居後，我邀請先生一起去參加老師的臺中講座，希望他也一起參與孩子的成長，他不僅樂意參加，後來老師辦線上講座，我因為工作無法上線，他還會自己上線聽老師演講和提問，之後再與我分享。

所以我們一家人都非常感恩皮皮老師哦！在那個轉捩點能有緣分認識您，真的是我們的福氣，您是我們的貴人。看到老師依舊認真辦講座、回答家長問題，想幫助更多孩子與家庭就真的很感動，**誰會想到一幅畫、一句話，能改變一個即將破碎的家庭呢？**

漂浮的房子

「老師，這張是九歲哥哥畫的，哥哥說小鳥在找食物，後來找到了。樹裡面住著妹妹，所以外面剩他自己一人。想請您幫我看一下孩子的作品，希望能更了解孩子的內心。」一位住在阿根廷的媽媽私訊問我兒子的作品。

我看了這張作品，第一眼注意到的是孩子對家庭有很特殊的感受，因為房子飄浮在空中，還有一隻孤獨飛出覓食的小鳥，我直覺這孩子需要特別關注一下，於是我回覆這位媽媽：「從孩子的畫作，我感覺孩子似乎對家庭有種無力感，有點封閉自己或是不大想跟外面世界連結。」

「家裡就他一個兒子，平時不大會講心事，妹妹就比較好溝通。」媽媽說。

「還好他畫的門有把手，他是可以溝通的孩子，妳要多用點心關心他，他會願意跟妳講心裡話的。」但我對哥哥畫出「漂浮的房子」還是很好奇，所以又問媽媽：「他在家裡狀況還好嗎？」

媽媽有點沮喪地說：「哥哥會說謊，很不愛寫功課，每次都說功課寫完了，但我檢查的時候卻發現都沒寫。以前他還會打妹妹，在學校也會打同學，現在改了。他下面有三個妹妹，表現都比哥哥好。」

「會不會是妹妹相繼出生，他覺得爸媽的愛被分走了呢？」

「也有可能。因為妹妹們都很優秀，就容易忽略他了。」

「我想哥哥可能在討愛，要多給他一點肯定、鼓勵和關注哦。」我心想這位哥哥內心應該有些不平衡，以及很想得到父母更多的肯定與關愛。我接著跟媽媽說：「妳可以找出哥哥最擅長的部分，給予鼓勵和稱讚後，把哥哥的這份自信和能量導引到其他領域，他會越來越好的。」

「好的，老師。想再請問一下，哥哥為什麼只畫出一隻鳥呢？」

「那隻鳥是他自己啊！他不是有說『樹裡面住著妹妹，他出去找食物』。在繪畫心理學理論中，樹木是隱性自我的投射，哥哥現在內心裡應該感覺自己的生命（樹）被妹妹取代（佔據）了，他只好飛出去找『食物』尋求生命的能量，他其實有種被鳩佔鵲巢、在外漂泊流浪、孤單寂寞的感覺。下面那兩朵花是爸爸和媽媽，粉紅色那朵應該是妳，他在妳的上方盤旋著，其實是在等待妳的回應與關注，渴望得到妳更多的關愛啊！

「而漂浮的房子應該是投射出哥哥覺得這個家對他來說的不踏實感，他在家中可能不被重視、沒有分量或是沒有歸屬感，所以畫出漂浮的房子。紅色代表著能量或情緒比較強烈，哥哥目前內心裡應該有股較強烈的情緒，但還好房子主體還有另一個較溫和的橘色，所以可以感覺得出來哥哥本性是溫和善良的，並不會太衝動或做出傷害的事情來，妳要多用心關心哥哥喔，他現在非常需要妳的關愛！」

媽媽又傳了幾張孩子的作品給我並說道：「這張是哥哥畫的飛機，直升機，交通工具。」

「我覺得他是個蠻聰明的孩子，需要妳再多給他一點鼓勵和讚美，他會改變的。」看完哥哥的其他作品，我鼓勵媽媽。

「感謝老師……其實關注老師很久了，就擔心老師您太忙，也害怕從老師口中聽到的事實，現在我找到答案了，感謝您！原本公婆比較寵愛身為男生的哥哥，給哥哥的物質也比妹妹多，可能後來多了三個妹妹，哥哥內心感受才有了較大的變化。」

「我感覺他本性是蠻乖巧聽話的。從他畫的圖可以看得出來。」

「他是很懂事的孩子沒錯。老師，您真厲害！我嚇到了……」

「從哥哥畫的圖案和顏色的使用都看得出來。哥哥畫的這隻鳥看起來有點無奈感。其實哥哥的其他畫作看起來都很正常，就這一張真的非常特別，因為孩子畫出不在地面上的房子，真的是很特殊而強烈的訊號，畫作提醒了我們要多關心一下哥哥。妳多關心他，他應該願意說出一些心裡話，多跟他聊聊吧。」

「好的，感謝老師！」

隔了兩週，這位媽媽私訊我。

「老師，我們現在改變很多，我對他也比較關心。」媽媽興奮地說。

「那很棒，妳一定做了不少努力。這很不容易！」

「哥哥已經會主動來抱我了，那天我也哭了……」

我好奇地問：「妳做了什麼改變呢？妳真的太棒了！我們要改變自己是很困難的，但妳做到了！」

「我有更積極主動地關心他，關心他的一切。以前很容易只看到妹妹的優秀，真的常忽略他，這次他全科都考過，我單獨帶他去吃下午茶，妹妹留給爸爸照顧。」媽媽興奮地說。

「這個做法很棒！和孩子有個兩人專屬的相處時光，孩子會感受到他在妳心中的重要性，也會感受到妳對他的重視和關愛。」

「嗯，就一張圖畫，老師改變了我們家的一生，我真的很意外！在國外生活吃很多苦，我也不輕言告訴別人自己的感受，想說一切慢慢會變好。但老師指出我的盲點，真的幫助了我和孩子！」

「真的好高興妳們有這樣的改變！也是妳願意有所行動，妳太棒了，孩子擁抱妳也是給妳最大的肯定與鼓勵啊！」

「真的感謝您！想不到只是小小一張圖，全家都改變了……我眼眶又紅了，哈哈。」

後記

事隔一年半後，因為要出書，我詢問這位媽媽是否可以引用她和哥哥這段很激勵人的對話和故事，媽媽很大方地同意了。我邀請她寫一篇感想，她的回覆如下：

那個時候，我跟孩子遇到了瓶頸。哥哥的行為總是讓我很失落。在老師還沒出現前，我很努力想要和孩子有更好的互動，但是面對眼前的孩子就是不知道該如何引導。

有朋友分享說要看懂孩子，可以從看懂孩子的繪畫入手，於是我在網路上找到皮皮老師的臉書社團，也開始閱讀老師寫的文章。看了好幾篇文章後，每次看到老師和其他媽媽的討論都讓我很感動。有一次看到老師引導大家畫家庭圖，我也請孩子畫。結果我家哥哥突然畫出「漂浮的房子」，我心裡也不怎麼喜歡那張作品，但心裡還是很好奇，很想了解圖裡可能有什麼意涵，於是私訊問了老師。

等老師一個一個破解後，媽媽我都嚇死了，心想老師怎麼那麼厲害，光看圖就能說出我的盲點。

一開始我還覺得有點難過，但是老師的溫暖和鼓勵感動了我，也給了我努力的方向。我嘗試改變我對哥哥的做法，不久後，哥哥就開始自動來抱我，我感動得落淚，我真的很感謝老師的慈悲！讓我產生改變，結果不僅感動家人，也感動了孩子。

老師指出我的盲點後，我開始學習認識自己、突破自己，從我的內心開始做調整，而後行為也改變了。我學習多說些鼓勵的話語，一步步地改變原本的自己。現在孩子也好，先生也好，婆婆也好，都因為我放下自己的固執而轉變，家裡也越來越溫馨，連和公婆的關係也融洽許多。

雖然我不認識老師，老師也不認識我，但是老師卻用他的生命來愛我們，給予我們愛與鼓勵，感謝上帝讓我認識了您。

側面人物及短短的手

「老師晚上好！我發現我女兒畫畫時，很常畫我們一家四口，請問老師這代表什麼意思嗎？」一位媽媽傳了私訊過來，然後傳了這張圖給我。媽媽說孩子畫的順序是「先畫媽媽，再來是爸爸、她自己，弟弟最後」，女兒現在是小學二升三的年紀。

「她有說為什麼要畫她走向妳嗎？」我好奇地問。

「我沒問耶。」媽媽說。

我們又聊了一會兒之後，我跟這位媽媽分享了我看到這張圖的感覺：「我感覺妳在她心中很重要。她把自己畫成側面的，看得出來她是個蠻有自己想法的孩子，但可能有些心事隱藏在心裡喔。她把自己的手畫得短短的，投射出她可能自覺在家裡沒有什麼支配力，或是對許多事情沒有什麼掌控的權力。」

「老師您說的對，我可能太強勢，讓她無法發揮。」媽媽驚訝地說。

「我感覺得出來她很重視妳，想靠近妳但似乎又有點怕妳，所以和妳保持了一段距離。」

「的確，我對她要求比較嚴格。仔細想想老師剛剛所說的，她真的很沒自信。」

「畫側面代表保持了一些神祕性，可能有些內在想法不想讓人家知道，我不確定和她沒自信有多少關連，但我感覺她有想隱藏的一面。」我試圖跟媽媽透露一個重要的訊息。

「我一直反覆看著老師說的內容，我覺得說得真的很準，我女兒真的蠻怕我的。我常常在她們睡著後，檢討自己對她的嚴厲。」

我想進一步了解女兒心中想隱藏的可能是什麼，這位媽媽又提到自己對女兒的管教比較嚴厲，於是我想帶著這位媽媽往自己內心以及自己的原生家庭探尋，我問媽媽：「妳父母有誰也對妳很嚴厲嗎？」

「爸爸。」

「妳覺得爸爸的嚴厲是因為愛妳，期望妳成材嗎？」

「對，我是這麼覺得。」

「所以妳也覺得嚴厲可以讓女兒成材？」

「我覺得是。」

「那爸爸現在還會這樣對妳嗎？」

「我成年後他就不在了。」媽媽接著又說：「我有在檢討自己。我一直忍不住會有這種念頭：我努力把姐姐調教好，弟弟就不會走偏。」

我提醒她，「我覺得妳可以把『檢討』換成『覺察』。妳已經在做『自我覺察』了。」

我想帶這位媽媽去觀看她和爸爸過往的互動情況，以及這樣的互動情況又是如何連結到現在她和子女的互動關係，於是我問這位媽媽：「妳覺得繼續用嚴厲的方式對待孩子，是一種妳思念父親或與父親連結的表現嗎？」

媽媽說她自己也不清楚。

我換個方式問：「妳覺得妳女兒是當時的妳嗎？因為妳好像不大會這樣對待弟弟，是嗎？」

「……我沒有想過耶，但老師這樣說，好像真的有那種感覺。我對弟弟的要求是比較鬆。」媽媽驚訝地說。

「所以妳有可能把妳女兒看成是小時候的妳自己嗎？」我想帶媽媽去覺察自己對孩子有什麼心裡投射。

「可能，所以我更不該這樣對嗎？老師。」

「我覺得沒有該不該。妳覺得妳這樣嚴厲地對她，和爸爸小時候嚴厲地對妳，有什麼關連或連結嗎？妳可以試著覺察一下這當中有什麼情感的連結嗎？或有什麼心理投射嗎？妳覺得現在妳對待女兒的方式跟妳爸爸對待妳的方式很像嗎？」

「爸爸在我的印象裡就是嚴格、很兇。」媽媽想了一下回答道。

「妳女兒心中把妳放在最重要的位置，因為妳對她來說很重要，但同時她也很怕妳，是否跟妳很愛妳爸爸但卻又很怕他的內心情感很像呢？」我更具體地引導媽媽思考這當中的關連性。

「爸爸對我來說的確是很想親近但又覺得很遙遠、很難靠近的人。」媽媽陷入一段沉思，接著問我：「所以女兒對我也是這種感覺嗎？」

「我想應該是。妳不一定要複製妳父親的方式來對待女兒。妳想像一下，如果妳有機會跟爸爸說話，妳會希望他怎麼跟妳相處呢？是多抱抱妳？親近妳？陪妳說說話？帶妳四處遊玩？妳會想跟他說什麼呢？現在的妳已經更成熟，跟小時候的妳不一樣了，妳應該更明確知道且希望父親怎麼跟妳相處，我想妳可以好好想一下。」我想引導這位媽媽更進一步地覺察爸爸在她身上產生的影響。

「這過程中先不用評價是非對錯，妳的父親也是承繼上一代的教養方式，妳現在只要試著去覺察。妳現在若有想到對爸爸說的話，可能就是女兒想對妳說的話。妳跟爸爸說了之後，想像一下，妳爸爸會怎麼回應妳呢？會責備妳嗎？還是抱抱妳呢？而這樣的回應也可能是妳想給妳女兒的回應。」

我更進一步安慰並鼓勵這位媽媽：「妳們彼此之間需要的是愛、是親密的關係，是沒有距離的關係。過去父母的教養方式在無意識下傳承給妳，妳現在覺察到了，就可以讓它到妳這一代為止，然後妳可以選擇用更溫柔、更適當的方式和女兒相處。」

「原來如此，我忽略了自己原生家庭的潛在因素，無意識中也影響了我的孩子。」媽媽恍然大悟地說。

「沒關係，這很正常，每個人都會，不用過於自責或內疚。」

「所以……老師，女兒這樣畫一家人，是表示我們給的愛不夠嗎？」媽媽好奇地問。

「我覺得她畫出的自己和你們其他三位有距離，可能表示她的內心裡有疏離感，你們其他三人在圖畫中靠得很近、感覺關係較緊密，她卻融不進去或是不想融進去。這個關鍵點應該就是妳，因為妳是影響她最深遠的人，而影響妳比較深遠的可能是妳的父親。」

「我女兒曾說我比較愛弟弟。」

「妳平常會跟姐姐獨處嗎？」

「其實鑾少獨處的，大多是弟弟、她跟我三人在一起。」

「我給妳兩個建議好嗎？」

「好，老師請說。」

「第一，妳可以試著放掉妳想對她嚴格管教的心態，這是妳既有的觀點和期待。有人因為嚴格的教育而成功，也有很多人因為愛的教育而成功，所以嚴格不是唯一的選擇，只是妳過往接受到爸爸的教育方式是如此，妳可能也承襲了這樣的觀念和做法。這張圖、妳和女兒的現況是妳女兒送給妳的禮物，她犧牲自己和妳的親密關係讓妳看清這點，所以妳要感謝她、憐惜她。」

「第二，妳要創造跟女兒獨處的時間和空間。一個禮拜也許一次，一個下午或一、兩個小時都可以，重點是高品質的相處。妳可以把妳們兩人獨處的時光看成 Girls' Talk 一樣，妳可以帶她去逛街、看電影、喝下午茶或聊聊心事，但就是要把手機放下，全心地陪她，這就是我所謂的品質。」我繼續補充道：「一週一次不會佔用妳太多時間，妳也可以提前跟女兒討論這週的Girls' Talk她想做什麼？尊重她想做的事，然後陪她一起去做，妳也能從中產生新的體驗。當妳女兒能感受到妳的重視、關懷與陪伴，她就不會覺得妳偏愛弟弟，妳和她的距離也能拉近了。」

「好的，我明白老師的意思。謝謝老師，今天真的是受益良多，從孩子身上看到了自己的不足。忙於工作的我們，不免忽略孩子最內在的需要。雖然是小問題，但真的要好好正視。」媽媽開心地說。

「是呀，其實家長忽略的往往也是自己哦！」

下雨和沒有畫出的腳

這天，我收到一位媽媽的私訊：「老師您好！我想讓您看看我小班女兒的隨手畫。」

這位媽媽自述，一直很困惑女兒為何那麼愛畫下雨，問過孩子，孩子說因為想畫彩虹，要出現下雨和太陽，彩虹才會出來（這位媽媽曾跟孩子說過要有太陽和下雨比較容易看到彩虹）。但孩子有時就只畫下雨天，問了孩子，孩子也只說「想拿傘」。

她自認自己是個嚴厲的媽媽，擔心孩子內心深處是不是因此有壓力，所以想了

解女兒這樣的畫是否有傳遞出什麼訊息？

我聽完她的敘述，認真地看了她傳過來孩子的作品後，跟她說：「孩子這張作品把人物畫得很緊密，也都是笑臉，所以某方面呈現出孩子對家庭的氣氛和對家人的感受是不錯的。但的確有兩處值得關注：一個是下雨和生氣的雲；一個是她和姐姐都沒有畫出腳，妳的腳則是因為穿長裙遮住了也沒畫出來。」我接著說道：「腳通常代表一個人的活動力，也就是行動力、行動自由度。沒有畫腳，可能顯示她覺得自己沒有什麼行動自由或自主行動能力。如妳所說，妳是個嚴厲的媽媽，可能在她心裡會有些特殊感受。沒有畫腳有時也代表想離家出走的念頭，但她年紀還小，還不會想到離家出走，所以只會在內心裡產生一些負面情緒和感受吧。」

「了解。那哭哭的雲又是什麼意思呢？」媽媽問。

「雲往往呈現畫者對現在生活狀態的感受或內在心情，因此她畫了哭哭的雲和生氣的雲，很可能是反映她面對妳嚴厲管教的心情，或是將嚴厲管教的妳投射成雲。至於下雨本身就是『情緒低落』的表徵。」

我接著問妹妹近期有什麼較特別的行為表現嗎？

「是當天的心情嗎？還是一直以來？畫畫當天我們是在補習班等姐姐下課，妹妹心情還不錯。」媽媽回答。

「孩子畫的圖通常投射當下或是那陣子的心理狀態。」我繼續問這位媽媽：「妳可以描述一下妳所謂的『嚴厲』是怎樣的嗎？這樣的管教方式維持多久了呢？」

「一直都這樣……姐姐六歲，妹妹四歲。我會比較要求她們要有規矩。」

「可以舉一些實例說明嗎？」

「像是吃飯沒坐在椅子上吃，跑來跑去的我會罵，輕微的是念她們：『趕快吃，不要浪費時間！』如果一直都講不聽我就會不耐煩，然後開始更兇地說：『煩欸！可不可以趕快吃啊！咬一咬就吞下去，到底有什麼好含的！』又或者是睡覺時間不趕快睡，我也會很煩躁。因為我也要陪睡，她們不睡只是在浪費我時間。」媽媽詳細地描述。

「對姐姐也是這樣嗎？」

她表示沒錯。「這張是姐姐昨天畫的。中間是畫自己，旁邊是妹妹。」媽媽又傳一張孩子的畫作給我看（下頁圖）。

「那姊妹倆對妳的管教，各是怎樣的反應呢？」

「就是哭。」

「妳回想一下，妳在管教她們的過程中，很常限制她們行動嗎？例如會說『不要這樣、

不要那樣』的嗎？」我觀察到畫裡的姊姊一樣沒畫出腳，因此想進一步跟這位媽媽核對確認。

「對欸。我常常說！！！」媽媽回想了一下，驚訝地回應我。

「例如什麼情況下妳會這樣說呢？」

「在家比較會說，因為樓下鄰居嫌吵，所以我會限制她們在墊子上玩。她們拿東西敲地板，我就會說：『不要這樣，樓下阿姨會生氣！』她們在玩水，我也會說：『不要浪費水！』我家有上下鋪，我規定她們上去要爬樓梯，但不知為何她們很喜歡爬旁邊欄杆，我也會說：『不要爬那邊，要爬樓梯！』」

「嗯，那她們聽妳說『不要……』之後是什麼反應呢？是乖乖聽話停止動作？還是會跟妳據理力爭呢？」

「就會照著我的意思做。」

我看了姊姊的畫後，提醒這位媽媽：「姐姐的畫裡也沒有幫自己畫腳，妳有注意到嗎？」

「有，跟老師聊完後，我翻了她們以前的畫出來看，我發現真的很多張都沒畫腳，偶爾有畫腳的是因為要畫高跟鞋。」媽媽認真地說。

「這可能反映她們姊妹的潛意識裡，都覺得自己沒有行為自由、經常被限制或沒有自主權。孩子接受妳的要求時，雖然乖乖照做，但其實內心情緒很低落，就像那些哭泣的雲一樣。」我想進一步引導這位媽媽做更多的連結與覺察，於是我問這位媽媽：「在妳小時候，也有誰常常跟妳說不要怎樣、不要怎樣的嗎？」

「有，我媽媽。」

「妳媽媽也是嚴厲管教型的嗎？小時候是這樣，現在還是嗎？」

「是，我媽媽到現在還是這樣，但我現在會按我自己的想法做。」

「媽媽都怎麼說呢？」

「如果我吃比較重口味，她會說：『口味清淡點，不要吃這種。』我吃冰，她也會說：『啊唷又吃冰，對妳身體不好！』我花錢，她會說：『不要浪費錢！』到現在也是，因為媽媽住隔壁，加上三餐靠我媽，所以我跟孩子天天會跟外婆見面。」

「媽媽這樣說時，妳的感受是什麼呢？」我進一步引導她去覺察內心的感受。

「覺得囉嗦。我會說我自己知道在幹嘛。」媽媽思考了一下說。

「妳是從什麼時候開始覺得媽媽是囉唆的呢？會有想逃離媽媽的感覺嗎？」

「好像一直都覺得……尤其是出社會有經濟能力後，特別難以忍受。因此我高中就想住學校宿舍了。」

「那妳現在還肯跟媽媽住隔壁，蠻厲害的。」

「我大學離開家裡去高雄唸書，但真的離家之後卻非常想念我媽媽，每個禮拜都要回家，晚上也會打電話跟媽媽聊天。我跟我媽蠻親密的，可以說我很依賴我媽媽。」

「所以媽媽對妳的嚴厲管教，不影響妳愛媽媽的心以及媽媽愛妳的心，對嗎？只是媽媽常常限制、管控妳的部分會讓妳感覺很不舒服？」

「對。」媽媽思考了一下，簡短的答道。

我們回到孩子的畫上：「妹妹畫爸爸的腳是張很開的，代表在她心中感覺爸爸是很有行動自由、很有行動力的人。可能是爸爸比較不會那麼常限制她，或是爸爸平時工作就是這樣需要跑來跑去的，是嗎？」

「的確，爸爸比較不會管她們，也幾乎每個禮拜都會帶她們去戶外活動。」

「但在孩子的畫裡，妹妹、姐姐和妳都是比較沒有行動自由的人。妳有看出媽媽和妳，以及妳和孩子之間有什麼關連性嗎？」我引導她去覺察她們三人之間有什麼關連性。

「媽媽限制我，我也限制了孩子。」媽媽想了一下回答。

「妳似乎繼承了媽媽的管教方式，對孩子也使用同樣的方式管教她們。但妳回想一下，妳剛剛說當妳自己能夠經濟獨立時，會很想逃離這樣的管教方式，所以妳的孩子可能會有同樣的感受對嗎？」我接著說：「現在妳的孩子還小，但如果妳持續用同樣的方式管教孩子，這個不行、那個不行，孩子大一點後就會漸漸產生反抗、叛逆的心理，即使是聽話的孩子，長大後也會想要獨立而離家的喔。」

「我還限制她們不能吃甜食！我都會不斷恐嚇她們吃甜會變笨、蛀牙要去找牙醫很恐怖……我也覺得我管得太嚴格了。」媽媽補充說。

「嗯，她的畫裡已經明顯反映出她自覺沒有行動自由，以及處處被限制造成她情緒低落。我了解妳想提醒孩子，但我覺得妳可以用不同的方式來表達。」

「方便請教老師應該如何表達呢？」

「妳回想看看，妳的說法是不是都比較帶有威脅性或是讓孩子感到恐懼的方式？這種說話方式會帶給孩子壓力或是負面能量，妳可以練習把一句說教、責備的負向話語轉換成正向鼓勵的表達方式，讓孩子有積極正向的思維，孩子就會有正面能量了。」

「我真的鸞常說『這樣做的結果是不好的』，所以請她們不要這樣做。」媽媽思考了一下說道。

「妳可以練習時時覺察自己說出『不要』的念頭。『不要這樣、不要那樣……』老一輩是這樣勸誡或教導我們，但這其實充滿了負面能量，妳可以把『妳不要……，不然妳就會……』這樣的負向句型澈底刪除掉，換成較正向、鼓勵的話語。」

「我其實也不是很喜歡這種負面的說法。但如果她們敲打地板、在家跑跳，我該怎麼制止她們呢？」媽媽提出疑問。

「妳可以試著用『媽媽覺得妳如果……（正面做法），那麼妳就會……（成長、進步或有更佳的表現）』這樣的句法。」我接著說：「妳還是可以說明某些事的危險性或不良後果，但在跟孩子說話時，要儘量轉換成正面語句。例如妳可以說『媽媽知道妳想跑跑跳跳對嗎？

但現在有點晚，我們去床上跳好嗎（或明天再跳）？因為樓下的阿姨應該不喜歡我們吵到她吧，如果樓上有人這樣弄出聲音，我想我也不喜歡。』」

「這樣說聽起來真的舒服很多，但我也是禁止她們跳床的，呵呵。」

「妳可以隨時覺察自己心中的『規矩』或『框框』，這很重要喔！」我進一步說明：「禁止跳床是妳的觀點，所以是妳為孩子設下這樣的『規矩』和『框框』。建議妳時時覺察一下自己有哪些『規矩』和『框框』，然後再進一步思考這樣的觀點真的正確嗎？有些專家認為孩子在幼兒期要多活動，床上跳是安全的活動，只要規劃一個安全的環境讓孩子盡情地跳，這對孩子的身心發展會很有幫助，所以不但不要限制還要多鼓勵——妳看這就是不同的觀點，也因而產生不同的『規矩』和『框框』。」

「嗯嗯，我了解了。」

「長輩的觀念已經根深蒂固，我們很難改變父母的觀念和做法，但我們可以從自我覺察、改變自己做起，當我們自己調整改變後，孩子就會改變了，我想妳的管教方式調整後，孩子們的腳應該就會畫出來，也不會再畫哭哭或下雨的雲了。」

「好的，謝謝老師！」

沒有四肢和不會飛的鳥

近期因為寫這一系列文章，私訊我的家長暴增，很多想寫或答應要寫的文章、故事排隊排好長，但這位媽媽私訊我，看完她的描述，我決定插隊先寫下這篇文章，因為這也是一個非常典型需要提醒大家的情況。

這位媽媽提供的是她大女兒的畫（圖1），媽媽說孩子是馬來西亞混血兒。這幅畫最引人注意的部分是「人物沒有畫手」，我問這位媽媽想知道些什麼，她說「想知道女兒的內心世界和心裡的情緒」，她表示大女兒已經七歲了但還是很愛哭，遇到一些小問題動不動就哭就鬧，很不配合。

我仔細看了這位媽媽傳過來的畫，注意到一些較不尋常之處。我請她再提供孩子的其他作品給我看，媽媽傳來了另一張（圖2）。

看完這張作品，我問媽媽：「她畫的人物好像都沒有手腳，對嗎？還有，她人物都畫探出頭這種嗎？是有誰教她這種畫法的嗎？」我會這樣問是因為姐姐兩張畫裡自己都是一樣的畫法：從下方探頭出來。

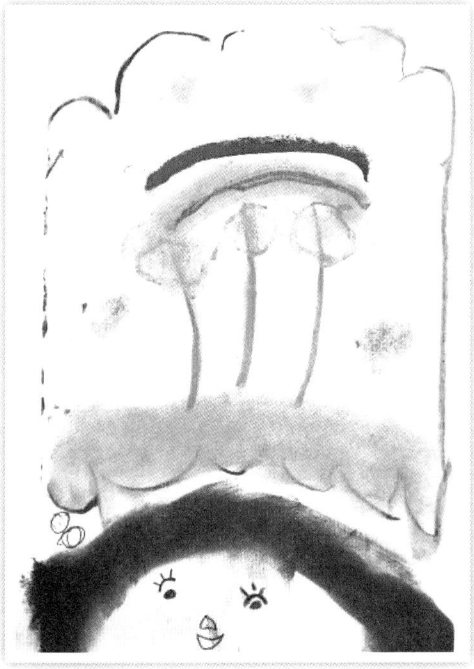

圖 2

圖 1

「第一張畫是畫畫老師教的，題目是〈夢想的家園〉。」媽媽回答我。

「妳平常對她的管教如何呢？會很嚴格或很兇嗎？」

「對，我會很嚴厲地管教她！」

我請媽媽描述一下平時是怎麼管教她的。

「她常做錯事，講不聽！好像一直聽不懂！我講很多次還不聽，就會被我用藤鞭打！在學業上也會對她有要求！」

「例如什麼錯事呢？怎樣算講不聽呢？」我進一步跟媽媽釐清。

「她很會說謊！做錯了常常不承認！說不是她做的！比如翻倒東西或不收玩具！也會亂畫牆壁、亂寫字在牆壁上，問她還說不是她畫的！或是功課沒寫完卻說做完了！還會把聯絡簿上的功課擦了，假裝今天沒功課要寫！」媽媽認真說明著。

「她為什麼會養成說謊的習慣呢？是因為怕被妳罵嗎？」

「是的，怕被罵！但是不罵她就不會聽！罵了會乖巧一陣子，所以就一直重複這循環！我有試過冷淡對待她，也是乖不久！」

我跟媽媽核對確認她老公的管教方式是否和她一樣，她說老公不會罵也不會打女兒，但會適時地管教她。於是我想多了解這位媽媽的原生家庭對她有什麼影響。

「妳爸媽小時候會打妳嗎？」

「不會。」

「那妳怎麼會想要打她呢？」

「打了她，她就聽話了！」

「妳剛剛說對她的課業也有要求？像是什麼情況呢？」我更進一步核對。

「主要是盯功課，她就是不愛思考，很簡單的題目她明明會，但還是錯。她的數學特別差。她不是不會，她是不思考！」

「了解，妳找找看她還有沒有其他畫自己或家人的作品，傳給我看一下。」我接著問：「對了，她平常喜歡畫畫嗎？」

「不是太喜歡！」

「好，那妳請她畫一下家人、房子和樹，然後可以加任何她喜歡的東西。」我接著又向媽媽簡單說明了一些房樹人繪畫測驗的基本做法和注意事項。

隔天，我主動私訊這位媽媽。

「妳說孩子出現半臉的畫法是老師教的，妳昨天傳的兩張畫都有半臉，第一張是上課的作品，第二張是自己畫的嗎？」我詢問這位媽媽。

「半臉的確是老師教的，上周五才學！她畫的人都是有腳沒手或者沒手沒腳！她都不畫手指和腳指的！」媽媽一邊說明，一邊又傳來一張作品（圖3）：「老師，這是姊姊今天早上畫的！畫我們一家人去露營，睡小帳篷，因為帳篷很小，所以我們分開睡。」

我仔細看了看畫，覺得她女兒是個性內向乖巧又認真的孩子，連分開睡的小細節都畫出來了。但我也注意到孩子在樹枝上畫了一隻沒有翅膀的小鳥。

我引導這位媽媽一起觀看孩子畫作上的細節。第一張作品（圖1）中的左邊人物是妹妹，右邊人物是媽媽，姐姐自己是下面探頭的人，妹妹和媽媽都是沒有畫出手和腳。第三張姐姐早上畫的作品（圖3），一家人手都是畫短短的、手伸直，腳也短短的，沒有張開。

接著我跟這位媽媽分享繪畫心理學上的心理投射解析。手代表著對環境的支配，體現自身與環境的關係，因此「沒有畫手」或是「手畫得短短的」，通常投射出孩子自覺對環境周遭事物沒有支配力或掌控力，這很可能跟她平時對女兒的嚴厲管教有關，女兒事事都要遵照媽媽的意見行事，沒有自主權，稍不順媽媽的意就會被嚴厲斥責，所以孩子長不出一雙健全、有力的手。而腳代表著人的活動力、行動力，「沒有畫腳」或是「腳畫得短短的」可能投射出孩子覺得自己沒有太多自主的活動空間或行動能力，孩子去哪裡、做什麼事都媽媽決定，都要經過媽媽的同意，或由媽媽判定好壞對錯，自然也長不出一對健全、有行動力的腳。

在姐姐的畫作中，看得出來姐姐塗色塗得非常仔細，很努力控制著不要塗出框外，人物則普遍畫得較小（除了老師教她畫的「探頭的自己」很大之外），可以看出姐姐其實是個很細心、很有耐心、很守規矩，很乖巧聽話的孩子，但也帶著較內向拘謹、行事謹慎小心或缺乏自信的特質。

人物畫得小小的孩子，通常較內向、較沒有信心、缺乏安全感或有退縮心理。父母過於嚴厲的打罵很容易讓孩子變得退縮、沒有自信，若父母又常施以威脅的話語，例如老一輩父母常會對孩子說：「妳不乖，我就把妳送給別人」或「叫警察大人把妳抓走」，孩子聽了自然會變得更沒有安全感。

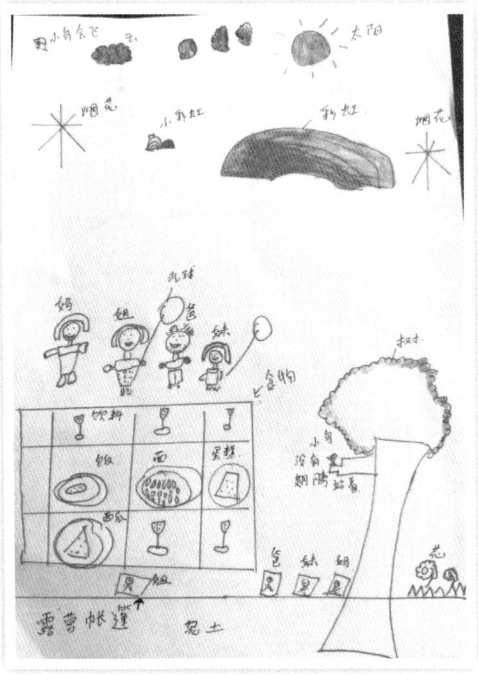

圖3

如果孩子在六歲左右的年紀，畫的手腳和身體像十字一樣呆板缺少變化，一種可能是孩子平時較少畫畫，所以四肢還無法畫出太多的不同姿態（四、五歲幼兒這樣畫屬於正常表現）；另一種可能則是反映孩子較缺乏變通性，對於環境的適應力或學習能力也比較薄弱，因此我們要先研判孩子是屬於上述哪一種情況。

孩子若是屬於後者，那麼在學習上的狀況通常不佳，並不像聰明伶俐的孩子那樣游刃有餘。孩子的內心其實已經很挫折了，但父母若還嚴厲責備孩子不認真、不用心、真笨、怎麼老是學不會，孩子就會變得更沒有自信，且會有父母不愛她、不支持她的感受。孩子怕挨罵、怕被處罰，可能就會想用說謊的方式來保護自己，或避免媽媽生氣嚴厲打罵她的情況發生，但沒想到說謊是媽媽更不能容忍的行為，因此更有理由打她、罵她，孩子越被打罵就越想逃避，因此繼續用拙劣的謊言企圖規避「媽媽認為錯誤或不良的行為」，但不幸的是持續引來更多的打罵，如此惡性循環不已……

畫中出現鳥通常投射出孩子渴望自由，希望像鳥一樣飛行，或是飛離現實環境的內心渴望。但姐姐畫的鳥是停在樹上，而且沒有翅膀，可以想像孩子雖然渴望自由，但卻又不敢或沒有能力飛離這個時而打她罵她，時而養育照顧她的媽媽，所以孩子只能停留在原地、無力地一邊愛著媽媽，一邊默默地承受著媽媽的打罵……。這也是為什麼媽媽描述女兒「很愛哭，她已經七歲了，還是遇到一些小問題就哭就鬧，很不配合」。因為孩子從小可能很多事情做得「不夠好」，不符合媽媽的「期待」，不落入媽媽的「框框」，因此不斷地被罵甚至被打，但孩子其實可能已經很努力了，這是一個一直在討愛以及需要更多支持的孩子啊！

「我建議妳可以調整一下對待她的方式，尤其不要打她，這個很重要。」我很真心地建議這位媽媽。

「好的，老師，謝謝您！我有嘗試過不打她，但真是忍不住！因為一打就乖了！不然她會越來越過分。」媽媽又問：「那可以罵嗎？」（我覺得媽媽這個問題好可愛）

「妳要轉換說法，一開始妳會不習慣，會較辛苦點，但妳的努力會讓一切情況變得越來越好的！」我語重心長地說。

我跟這位媽媽結束談話後，心想這位媽媽不知道能聽懂多少我想傳達給她的訊息。我的腦海裡不停浮現姐姐畫出探頭模樣的臉，我一直在想姐姐為什麼要這麼畫？從繪畫心理學的角度來看，孩子畫出只出現臉部或局部身體的人，有時是投射出孩子自我意識較模糊，或是還在進行自我的整合，或是孩子的自我還處在混亂的狀態中。但因為姐姐是受到老師的教導而畫出這樣的人臉，就不能完全以這樣的心理分析來論斷。

不過我常常也會思考另一個問題，孩子為什麼回家後會選擇用這樣的方式來畫？孩子為什麼對這樣的表現手法特別有印象？孩子為什麼用這種方式畫出自己而不是畫其他人？以及孩子為什麼不畫出完整的自己？這些都是相當耐人尋味及發人深省的問題。

第二章

“看畫和讀心”

兒童畫與成人畫完全不同

我們大人在觀看孩子畫作時，常常會看孩子畫的圖形是否越來越具象、能做到更精確的描繪嗎？有畫出更多細節嗎？是否塗上更多顏色或塗得更仔細？有認真設計畫面或是把畫面畫好畫滿嗎？構圖有沒有符合均衡、對稱等美學原則……

許多送孩子去學畫的父母，都希望孩子能學習素描、水彩、油畫等技法，期望孩子畫出來的作品更有水準！我們都是這樣看兒童畫的，在不認識兒童畫前我也是這樣看兒童畫，甚至覺得兒童畫理所當然就應該這麼教，美術老師也只能教這些。

我們會有這樣的認知，是因為我們從小到大受到的美術教育使然。世界各國的美術（教育）觀念都深受歐洲希臘羅馬文化、文藝復興時代及西歐現代美術的「視覺寫實」和「精準再現」審美觀影響，所以早期歐洲畫家流行畫人物肖像、靜物畫、風景畫等主題，使用素描、水彩、油畫的繪畫形式和媒材技法，也被普世視為兒童學習美術的必然形式。

歐洲這種重視正確透視比例、均衡、對稱、協調等美學原則的創作形式，在十六世紀文藝復興時代達到顛峰，達文西的《蒙娜麗莎》、米開朗基羅的《大衛像》、拉斐爾的《雅典

全世界受到歐洲藝術審美觀的影響下，學習素描成為每個人「學畫」的必經之路。（上為王姿云、下為黃筑煖提供）

學院》等這些大師作品是人類藝術創作的典範和最崇高的理想目標，但這些都是「成人畫」，都是以成人的審美觀來理解的美術創作。

在一百多年前，兒童美術教育在歐洲完全不受重視，兒童被視為是「縮小版的大人」，即使後來在幼稚園及小學裡開始有了美術教育，但教師在圖畫課都讓兒童做著「寫實描畫物體輪廓」的技巧練習（素描），不認為兒童畫有什麼價值或特點，反正就是乖乖學大人這樣畫就對了。

「兒童畫」會受到世人重視，仰賴十九世紀末歐洲許多教師及學者對兒童畫的研究，其中影響最大的首推有「兒童美術教育之父」之稱的佛朗茲・齊澤克（Franz Cižek）。

齊澤克接受過良好的傳統美術技法訓練，原本就是個繪畫技巧高超的畫家。他為什麼會對兒童畫這麼感興趣呢？原來偶然間，他從住處觀察到幾位孩子在路旁的木造圍牆上用粉筆畫畫，他發現這些孩子的創作相當獨特，與傳統教學畫法相當不同。他也注意到與自己年齡相差甚遠年幼妹妹的塗鴉畫，似乎有種兒童天生的獨特畫法，因而得到更多啟發。他發現兒童自發的創作跟成人的表現手法完全不同，於是興起了他研究兒童畫的強烈興趣。

他越研究越發現兒童不需要看著範本或實物來創作，他們憑著記憶和想像就能生動地描繪出極具想像力而又生動有趣的圖像，這種創作方式與大人寫實摹寫的畫法完全不同。他認定兒童有他們自己獨特的畫法，應該讓兒童用自己的方式自由發揮，而不是服從傳統上嚴謹的臨摹技巧練習。

他在一八九七年成立了全世界最早的「兒童美術教室」，他的美術教室招收四歲到十四歲兒童共五十多人。他覺得四歲以下幼兒年齡太小還不太會畫所以他不收，十四歲以上已經進入寫實畫風的他也不收。他將富有兒童特有想像力與創造力，能天馬行空地創作的四到十歲兒童編為第一組，趨向寫實描繪的十到十四歲兒童編為第二組。如果一個兒童已經超過十歲仍完全憑著想像力作畫，他會將其編到第一組；同樣地，如果六、七歲孩子來到他的兒童畫室時，已經習慣摹寫、仿畫，則會被他編到第二組。

齊澤克按照自己的教育理念實行了與傳統方式截然不同的教法。在他的教室裡不但嚴禁臨摹，也不讓孩子寫生，他極力呵護孩子的原創想法，並鼓勵孩子們自由地表現自己的記憶

兒童畫的寶貴特點在記錄孩子的生活經驗、感受、想像、情意和喜愛的事物。（李梓緹 Tia 提供）

和幻想。如果孩子已經開始喜歡仿效他們所見、趨向寫實的描繪，他就不會對他們太費心。在畫室中，他傾注最多心力的是三到七歲的孩子，因為他覺得這些還未受到大人干擾的孩子，有著最純粹自然的藝術性創作，他們的作品也常讓齊澤克驚豔不已！

齊澤克在成立兒童美術教室之前是一位畫家，在那之後他就沒再畫過一幅畫。他將畢生精力投入在兒童美術教育上，他當時教導出來的兒童畫作品被許多教育界知名人士視為「歐洲最好的兒童畫作品」，一九二〇到一九三五年之間也多次在歐洲巡迴舉辦他指導的兒童作品展，當時英國皇后還曾經親臨御覽。在他的努力推動下，他這種強調「自然主義」與「兒童本位」的教育方式開始在歐美廣為流傳，兒童不再被視為大人的縮影，「兒童畫」也開始受到世人的重視與肯定思潮。

孩子的繪畫發展階段

齊澤克並不是當時歐洲唯一對兒童畫有研究的教育家，十八世紀時盧梭首先在《愛彌兒》一書中倡導自然主義，推崇教育兒童應該順應孩子的身心發展並發展孩子的天性、大人應當把兒童當兒童看待，開啟了尊重兒童發展的序幕。

瑞士著名教育家裴斯泰洛齊（J. H. Pestalozzi）遵循盧梭的理念，開辦的學校聞名歐洲，吸引各國教育家前來學習，被譽為「幼兒園之父」的福祿貝爾（F. W. A. Fröebel）亦遠道前往觀摩見習，回國後即創立了世界第一所幼兒園，並將一生奉獻在以兒童為本位的幼兒教育上。福祿貝爾強調要尊重兒童自由，使兒童自己行動，主張幼兒應在遊戲中學習並發展出內在本質。

齊澤克在兒童畫的教學研究過程中，已覺察到兒童有不同的繪畫發展階段，他曾說過：「兒童不應該被迫躍過他們的發展階段，而應該澈底地經過它們。在前一階段未完成前，他不應該進入新階段。」當時歐洲也有不少教育學者致力於研究兒童繪畫表現及不同年齡的繪畫特徵，例如伯特（Cyril Burt）和呂珪（G.H.Luquet）。齊澤克等人對於兒童畫的研究，大概集中於一八八〇到一九三〇年這五十年間，算是對於兒童繪畫發展階段的初探，而更具系統性的兒童繪畫發展理論，則是在一九五〇年代里德（Herbert Read）和羅恩菲爾（Viktor Lowenfeld）等人的研究成果使之更臻於成熟。

現今我們對於「兒童繪畫發展階段」的理解與共識，主要依據羅恩菲爾在《創性與心智的成長》（*Creative and Mental Growth*）一書中的論述。羅恩菲爾與齊澤克同樣出生在奧地利，後來歸化為美國公民，他在歐洲生活期間，曾在齊澤克的兒童美術教室見習一年多，所以他的思想深受齊澤克的教育理念和歐洲盛行的自然主義所影響。

「自然主義」及「兒童繪畫發展階段」的研究和理論雖然距今已經有七、八十年以上的歷史，但以我在孩子身上觀察與應用的經驗，這些研究資料並沒有太大的時空違和感，彷彿現代學者的研究成果一樣。主要原因是兒童在自然發展的情況下，其繪畫表現古今中外沒有太大差別。

是以，我認為了解孩子在不同年紀自然發展下的繪畫表現，是所有父母與美術老師的基本功課。孩子的繪畫階段發展並非在某一天會突然跳到下一個階段，而是會有一段轉變期。有些孩子可能轉變的很緩慢，有些可能很快速，繪畫表現特徵也有可能來來回回或沒有出現，每個孩子在不同階段的進展速度也可能不同。因此這樣的發展理論僅供我們參考，孩子的繪畫表現若和這些觀察研究成果沒有完全一致，父母或老師也不用太過於擔心。

綜合各家說法及我自身的觀察經驗，兒童在各階段大致上有以下普遍性的發展特徵：

1 自我表現的第一個階段

塗鴉期（二～四歲）

塗鴉遊戲

最早一、兩歲幼兒的塗鴉為「無控制」塗鴉，幼兒在手部肌肉和協調能力尚未發展成熟時，揮動手裡畫筆的塗鴉遊戲，帶給了他們運動快感和心理的滿足感。他們也很驚訝畫筆留下了線條痕跡，首次體認到自己擁有創造能力，即使只是畫出無法明確掌控的點或線，都會讓孩子感到無比的喜悅。

孩子經過多次塗鴉遊戲的探索後，會越來越能控制手臂和畫筆，開始有意識地控制手臂做上下、左右的來回搖晃，進而產生十字形的來回重複線條，稱為「十字塗鴉」。這時孩子已慢慢進入「有控制」的塗鴉，但大多時候都還是隨性地畫著尚無法純熟控制的點和線條。

孩子接著會進一步控制手部畫出像龍捲風式的漩渦圖形，稱為「漩渦塗鴉」。孩子此時已更能有意識地控制手部動作，更享受塗鴉運動或畫畫遊戲帶來的樂趣。這個階段孩子會反覆畫著漩渦圖案和各種線條，這些反覆動作讓孩子對自己身體的掌控變得更有信心，看到自己畫出來的線條軌跡和色彩，也讓孩子對塗鴉遊戲充滿興趣。

此時我們以為孩子在畫畫，其實對孩子來說這些塗鴉動作更像是一場遊戲。孩子在這樣的塗鴉過程中，有時是無意識，有時卻也能帶著想像或描繪出生活感受的企圖心，讓孩子保持愉悅的塗鴉心情、恣意地享受塗鴉就能成為幼兒最棒的美術創作。

開始幫塗鴉命名、描述故事

到了小班左右的年紀，孩子會開始收斂像龍捲風式的漩渦，慢慢畫出一個封閉的圓形，此時便走入塗鴉期的最後一個階段，稱為「命名塗鴉」。因此觀察孩子的塗鴉是否能畫出一個封閉而完整的圓形，是一個很大的分水嶺。

孩子此時可以用圓形和許多線條、點點組合出更多的圖形，他們也會明確地幫圖案命名，或具體說明自己描繪的是什麼日常生活中的人事物，例如最常見的是孩子用圓圈畫出人臉，用點點畫出眼睛，用幾條線畫出身體和四肢而形成最早的「蝌蚪人」。孩子也會畫出許

幼兒的隨意塗鴉 兩歲多的孩子表示每張線團皆為一位家人，但似乎是大人詢問後，孩子才思考所畫之物為何，並為其命名。（賴恩提供）

命名塗鴉　四歲女孩畫一家人開車出遊時去加油。車外是加油人員，車內是一家人。孩子此時開始有意識地為畫作內容命名。（張睿庭提供）

多單一物品，例如他們喜歡的汽車、飛機、太陽、花朵……等。

通常孩子會先畫出自己、媽媽、爸爸或其他家人等單一人物，進而發展出「媽媽帶我出去玩」、「爸爸跟我玩球」……等有簡單故事的塗鴉內容，自此開始進入比較具象的「繪畫創作」。

走到「命名塗鴉」階段，孩子的思考方式已與兩歲多幼兒完全不同。兩歲多的幼兒對肢體運動就感到滿足和愉悅（皮亞傑所稱的「感覺動作期」），而三、四歲孩子開始把肢體動作跟認知、想像結合在一起（皮亞傑所稱的「前運思期」），孩子已經能夠根據塗鴉內容中說明所畫之物，或是說明自己的塗鴉故事及內心感受。

2 前圖式期／前樣式階段（四～七歲）

描繪實體的首次嘗試

「命名塗鴉」階段的孩子只能畫出很簡單的圖案，「前圖式期」孩子的「圖式」尚未定型，會不斷地發展出新的圖像和細節。在說明這個階段的特徵前，我們先來回答這個問題：「圖式」是什麼？

「圖式」（或稱樣式）是指由於幼兒尚無法寫實地描繪形體，因此他會將認知到的事物用簡單的圖案、符號或簡單的概念形象描繪出來。由於每個孩子的認知與感受不同，因此正常來說每個孩子會發展出不同的圖式，並且逐漸習慣且固定地使用。

孩子在五、六歲的「前圖式期」仍會不斷地探索、改變其圖式，直到七到九歲「圖式期」才慢慢形成固定畫法。「圖式期」孩子會有一段時間，每次都固定運用自己喜歡的圖式來畫，直到九歲過後，「圖式」的表現才開始轉變為趨向寫實的表現方式，或為原本固定圖式增加更多細節而產生較大的變化。

四到七歲孩子畫的圖式仍不斷在改變發展，不像「圖式期」孩子已逐漸形成較固定的圖式，因此稱為「前圖式期」。

孩子開始發展出「自己的圖式」

常見的「圖式」有哪些呢？孩子會用當時會畫的「點、線條、圓圈」等元素，畫出自己習慣畫的人物、太陽、雲、房屋、花朵、樹木……等。雖然正常情況下，每位孩子會發展出自己特有的「圖式」，但當孩子受到外人的教導或模仿學習後，往往更容易形成一些相似的制式畫法，例如由正方形和三角形組合成的房屋；一個圓圈、五個花瓣和兩片葉子組合而成的花朵。

較沒有想法、較缺乏創意和自信的孩子，也較容易模仿別人畫的或既定的圖像。畫出和別人一樣的圖形提供了他們安全感，也省去了他們自己想像、自己創造的困擾與麻煩。這樣的圖式並非出於孩子自己真實的感受、體驗與想像，而是透過仿效而形成樣板、制式的圖式，我們亦稱為「概念畫」。

「前圖式期」孩子的特點，在於他們會逐漸從每次畫畫的探索與練習中「形成自己固定的圖式」，所以我們可以引導孩子把心力放在自己的想像、感受及生活經驗的回憶，幫助每個孩子在腦海中形成自己獨特的圖像，再鼓勵孩子以他會畫的元素及方式描繪出來。

要幫助孩子形出自己獨特的圖式，就應該盡量避免畫給孩子看、不要讓孩子看著圖片仿

制式的圖式　五歲女孩的畫作。正方形加三角形的組合是最常見的房屋畫法；花朵畫法略受外界影響但仍保有自己的圖式。（董多愛提供）

自己的圖式　四歲多女孩的兩張畫作。小女孩平時較有自己的想法和畫法，因此很有自己獨特的創作風格。（李梓緹 Tia 提供）

畫，或教導指示孩子該怎麼畫才是對的、好的、美的。仿畫雖然能幫助孩子快速地畫出圖形，在某個層面上幫助孩子建立了信心，但往往也讓孩子失去創造的練習機會，並且無法發展出自己的圖式，最後孩子還可能養成依賴的習慣，因此這之間的利弊得失值得深思。

主動知識和被動知識

「前圖式期」大約是幼稚園時期的孩子。小班、中班孩子畫出來的圖案通常簡單而單一，隨著孩子認知能力與智力的發展，人際互動與群體生活的經驗累積，孩子創作出來的內容會從單一圖像慢慢變成兩個、三個，並逐漸增加與他人、與環境的關連性，作品也會開始帶有豐富想像的故事性。

孩子畫的內容都是他們認知到的人事物，也就是他們的「主動知識」，而許多孩子沒畫出來的，可能是孩子潛藏的「被動知識」。什麼是「主動知識」和「被動知識」呢？

主動知識（經驗）是指孩子目前認知到並能運用出來的知識或經驗。因此孩子說出或創作出來的內容可以讓我們了解到孩子現在心裡理解、重視或喜歡的內容是什麼。

而被動知識（經驗）是指孩子其實知道但沒有特別意識、覺察到，或還沒有深刻理解內化的知識經驗，也因此孩子不會運用或描繪出來，但透過我們適當的引導或提醒，孩子就可以將其轉化為主動知識。

例如孩子在畫一輛汽車，可能只畫出車身、窗戶和輪子，這些都是孩子有意識到並能運用出來的「主動知識」。事實上，孩子也了解車子還有其他部分，例如車燈、雨刷、排氣管、門把和鑰匙孔等這些被隱藏而沒有畫出來的內容，這些即為孩子潛藏的「被動知識」。當我們提醒或引導孩子去觀察、留意並表現出來時，孩子意識到後畫出來，我們就是在引導孩子將被動知識轉化為主動知識，幫助孩子內化平時所見所聞，讓畫出來的圖像更為豐富、細膩。

羅恩菲爾認為所有的教育都在激發兒童擴充並能運用「被動知識」。

容易說出「我不會畫」的年紀

「前圖式期」孩子在語言能力、智力和認知上的發展往往比描繪能力發展得更快更好，也就是孩子的口語表達能力和智慧思想往往比手部能描繪出具象圖形的能力來得好，所以四、五歲孩子容易遇到一個問題，就是心裡想要描繪物體形體或內心的想法、感受，但卻自覺畫不出心中理想的樣貌，因而感到挫折而常說「我不會畫」。

主動知識　五歲男孩畫的消防車和救援小隊。男孩平時認真觀察與研究各類汽車，才能有如此豐富的繪畫細節表現。（鄭楷諺提供）

平時經常畫畫、較少受到大人觀點影響的孩子，大多能按照自己的方式來塗鴉創作。而平時較少畫畫的四、五歲孩子，若受到大人灌輸他要畫得「具象」、「寫實」才是好的、漂亮的、厲害的觀點，更會加強他眼高手低畫不出來寫實圖像的挫折感。大人稱讚孩子畫得很像，也容易改變孩子原本靠想像作畫的習慣，孩子聽多了「你畫得好像喔！」這樣的讚美與鼓勵，就會努力想畫出形象更寫實、比例更正確的圖形來獲得大人的掌聲，但結果通常都是畫得不像、畫得不滿意，而讓許多孩子哭喊著說：「我不會畫！」、「我畫得好醜！」、「媽媽畫！」

父母、老師越往「畫得像」讚美孩子，反而讓孩子自覺畫得不像、畫得不好而失去畫畫的興致和信心。因此這個階段讓孩子畫很簡單的圖形內容、畫他們喜歡的主題內容、不強調要畫得像，反而能夠增強孩子繪畫的信心和動力，讓孩子健康地成長到下一個階段。

3 形體概念的形成

圖式期／樣式階段（七～九歲）

兒童的「繪畫黃金期」

「圖式期」的孩子可以說是「前圖式期」的進化版。他們的智力、認知發展、操作能力及繪畫表現都更加成熟，畫出來的圖像也更明確而更具有個人特色。

往前看，「塗鴉期」孩子的創作還在渾沌之中，「前圖式期」孩子的能力發展尚未成熟，還畫不出太具體的圖像；往後看，「寫實前期」的中、高年級孩子繪畫風格則開始趨向寫實，繪畫內容逐漸失去想像力和童趣，因此孩子在「圖式期」階段的創作，可說是兒童美術創作的巔峰時期。

從一個人一生的繪畫表現來看，「前圖式期」後期和「圖式期」孩子的繪畫表現是最富原創力和獨特性的階段，他們隨意創作的作品純真自然又充滿情感想像。

藝術大師畢卡索曾說過：「我可以像拉斐爾那樣作畫，但是我卻花費一生的時間去學習像孩子那樣畫畫。」他讚嘆的就是五到九歲孩子的創作作品，因此五到九歲孩子的創作真可謂是兒童畫的「繪畫黃金期」。

細數兒童畫的「繪畫黃金期」也不過四、五年時光，之後一輩子都處於寫實期，因此孩子的「繪畫黃金期」是何其珍貴啊！但大人們卻急著要孩子畫得像、畫得寫實，急著教導孩子立體透視或三度空間的寫實表現手法，以為早一點畫得像就比較厲害、比較有水準，殊不知這樣的指導方向反而讓孩子失去兒童畫最寶貴的特質，多麼讓人惋惜！

「圖式期」孩子進入皮亞傑所說的「具體運思期」（七到十一歲），孩子逐漸不像「前圖式期」孩子那麼感性地生活著。他們經過數年家庭教養和學校教育的洗禮，對這個世界已經有一定程度的了解，逐漸具備理性思維，他們處在兼具「兒童感性想像」及「成人理性寫實」特質的過渡期，一個個都是「可愛純真的小大人」。

圖式期的主要特徵

1. 形成固定的圖式

孩子經歷過幾年「前圖式期」的探索，逐漸在「圖式期」發展出自己習慣而固定的「圖式」，用來表現對事物的認知和概念，孩子會反覆使用這樣的圖式，例如太陽、雲、房子、人物、花草等圖像總是經常出現在孩子的畫作中，孩子畫出的圖式會比「前圖式期」階段增加更多細節，也會逐漸形成自己固定的創作模式。

2. 在作品中使用「基底線」來表現物我關係與空間概念

孩子在中、大班之後，對於物我關係、群體及環境的意識也逐漸增加，學校生活成了孩子另一個生活重心，同學、老師變成他們更好的玩伴，這樣的團體生活讓他們意識到自己是環境和群體的一部分。

於是孩子在畫面上的配置從原本兩、三歲的錯落、散置，四到六歲時變得能有意識的安排與分配。到了大班或小學低年級時，更會進化到畫出一條（或多條）「基底線」（地平線、地面線）來連結每個人與物。基底線提供了萬物立足的基礎，也連結了每個人與物，孩子能

基底線　六歲女孩畫作。孩子用兩條基底表現自身所處和外界的兩個不同空間，黑線和草地線各自代表不同人、物的連結性。（郭嘉穎提供）

展開（折疊）式畫法　分別為五歲（左）和九歲（右）孩子作品。在這階段的孩子都可能畫出展開（折疊）式圖像，展現孩子描繪自己吃飯時感覺與認知的「心像」。（左為徐小泱、右為魏文淵提供）

有意識地畫出基底線，通常也代表孩子更能意識到別人的存在及彼此之間的關聯，孩子也變得較能與他人合作，而不像以往那麼以自我為中心。

3.孩子的心理特質，形成獨特的表現形式

兒童描繪的是感知、感受，具體的體現就是「心中越有感覺的，就畫得越大或畫得越仔細，越不重要的就可能會被孩子簡化或甚至省略不畫」。

因此「圖式期」孩子常會出現「誇大」的畫法，例如孩子要表現踢球，可能會把腳畫得特別長或特別大；要描繪吃西瓜，孩子會把嘴巴畫得特別大，張開的大嘴可能就佔了半張圖畫紙那麼大，但孩子一點也不在乎比例是否正確。

X光透視畫法也是孩子表現「心象」的一個特色，孩子會同時表現出感知到「外在」和「內在」的內容，例如孩子畫懷孕的媽媽，會畫出媽媽的外在形象和肚子裡的弟弟或妹妹；畫正在開車的爸爸，孩子會畫出爸爸全身坐在椅子上開車的模樣，而不是下半身被車門擋住的真實視覺經驗。

展開式（或折疊式）畫法則表現出孩子以自我為中心特質的一種獨特視角。右頁下的圖都是畫一家人圍著桌子吃飯，家人和所坐的椅子都面向著餐桌，看起來不符合正確透視原則

的視覺表現，但孩子畫的就是心中對於家人在餐桌上圍坐一圈的印象與感知。

擬人畫法展現了孩子純真的生命力、感受力、想像力和豐沛的情感。天真的孩子看待周遭世界是「萬物皆有情」，便很自然地賦予萬物生命。所以孩子常常會為畫裡的太陽、雲朵、樹木、花草、飛機、房子等畫上可愛的笑臉（有五官表情）。孩子越感性，萬物的生命和情感就越容易表現在畫作中，當孩子趨向理性寫實後，這些生命和情感的表現也會逐漸從畫面中消失。

時空結合畫法是孩子將感知統整後的一種獨特表現方式。孩子畫的是自己的生活經驗與感知，但對於動作、事件發生的印象，孩子會用自己理解的方式畫出來，因此有時會畫出帶有移動視點的表現方式，或是把不同時間和空間發生的事畫在同一個畫面裡。例如孩子畫自己和媽媽在公園玩，畫面中間可能是媽媽推著她盪鞦韆；畫面右邊畫出她在挖沙子，媽媽坐在旁邊陪她；畫面左邊又畫出自己從大象溜滑梯開心溜下來的劇情。三段故事不是以漫畫分格的方式來表現，而是融合在同一張畫面，不了解的人還會以為孩子畫了三位女孩在公園玩，但事實上就是她自己一個人在不同時間和不同地點的感知。

4 寫實描繪之初現

寫實前期（九～十三歲）

從主觀到客觀，從2D平面到3D空間

孩子到了九歲之後，會逐漸進入「理智萌芽」的階段，從以往較以自我為中心的「個人意識」轉變為理性思考的「團體意識」。面對現實生活也會開始用較理性客觀的態度去觀察和探索。以孩子閱讀的圖書為例，小學二年級以前的孩子喜歡閱讀童話、神話或繪本故事，九歲之後孩子則轉變為喜歡閱讀真實故事、英雄偉人傳記或科學類、自然類等知識性書籍。

在繪畫創作上，九歲之後的孩子生理上逐漸能覺知及理解三度立體空間、光線明暗深淺、縱深、遮蔽、近大遠小等概念，因此孩子會逐漸脫離「圖式期」想像式的平面創作表現而轉變為客觀寫實的三度空間視覺經驗。創作上最明顯的特徵就是孩子會想要畫得像、想要把比例畫得很精確、想要表現更多的細節和光影變化，孩子也會改變為客觀用色、想表現出立體感，並注意到人物性別的特徵表現。

空間表現上，孩子逐漸捨棄二度平面概念的「基底線」，畫面中逐漸能表現出「縱深」

立體空間概念　八歲女孩畫作，其作品已經展現「縱深」的空間感，以及「前後重疊」的概念。（魏君錡提供）

的空間感。孩子逐漸能理解「近大遠小」的視覺觀看經驗，並能藉由畫出人物圖像大小來表現出空間深度，或開始會用重疊、遮蓋的方式來表現物體前後的空間關係。而物體本身的立體感、光影明暗的變化、顏色的深淺變化更是孩子樂於追求的繪畫表現形式。他們覺得這樣畫「比較厲害」，有時還會嘲笑圖式期、前圖式期孩子所畫的內容，以展現自己的成熟與優越感。

理性、客觀的觀察與寫實描繪的趨向，往往讓中、高年級孩子變得眼高手低。他們越來越容易發現自己畫得比例不正確，自覺畫得不像所以

「畫得不好」！他們發現自己實際畫出來的圖像和心理期望的圖像常有很大的落差，這讓許多大孩子們感到挫折並漸漸對畫畫失去信心。

這個階段的孩子也變得相當重視群體的意見，同學間的批評和讚賞往往比父母和老師的更具影響力，因此當同學批評他畫得比例不對、畫得不像時，孩子更會相信自己畫得不好、沒有繪畫天分，因而變得更不敢畫。許多高年級孩子能不畫就不畫，因為不畫就不會被批判，不畫就不用面對畫得不像的問題。這也是為什麼許多孩子在國小中、高年級就逐漸不畫畫，也是我們許多成人的繪畫能力停滯在國小階段的原因。

視覺型、觸覺型以及混合型

孩子在這個階段進入皮亞傑所謂的「形式運思期」，繪畫表現上趨向客觀、理性、寫實，認知發展上則能進行邏輯和抽象性的思維。但根據羅恩菲爾長期的觀察研究，他發現高年級孩子的繪畫表現可分成「視覺型」（視覺傾向，約佔四十七％）、「觸覺型」（非視覺傾向，約佔二十三％）和「混合型」（較難辨識傾向，約佔三十％）三種類型。在繪畫表現上，並不是每個孩子進入高年級後都變得那麼客觀、理性、寫實。

視覺型（視覺傾向）孩子習慣客觀理性地描繪環境，畫面常畫出整體或大範圍的場景。他們也習慣完整清楚地說明整個故事，畫圖時自己彷彿是從旁觀察記錄的觀眾，冷靜地觀看整個場景或故事發生。他們喜歡詳實地描繪出看到的人事物，他們的觀察力也進展到能注意更多細微的內容，會特別注重光影變化、動作姿態變化和人物正確的比例，也會逐漸捨棄以前「誇張」的感性、想像性表現手法。

我觀察視覺型孩子通常都是能把素描、卡通漫畫人物畫得很好的孩子，他們在國小一、二年級或甚至大班時可能就趨向要畫得像、畫得寫實。他們擅長精確地畫出自己喜好的事物，例如卡通漫畫裡的人物（寶可夢、艾莎公主、鬼滅之刃角色等）、交通工具（汽車、高鐵、飛機、坦克等）、各類生物（動植物、恐龍、昆蟲等）……，他們通常喜歡畫特定的主題，這讓他們有源源不斷創作動力，擅長畫得很像的他們在班上通常是被公認較會畫畫、較有美術天分的孩子。

觸覺型（非視覺傾向）孩子則依然採用主觀、感性的表現手法，畫面較常使用特寫的構圖方式來表現身體感覺或內心感受，畫圖內容依然保有「誇大」的表現手法，而較不在意（或做不到）畫出精確的比例。

畫圖時他們習慣將自己融入作品中，彷彿自己是置身其中的某個角色。他們的情感極

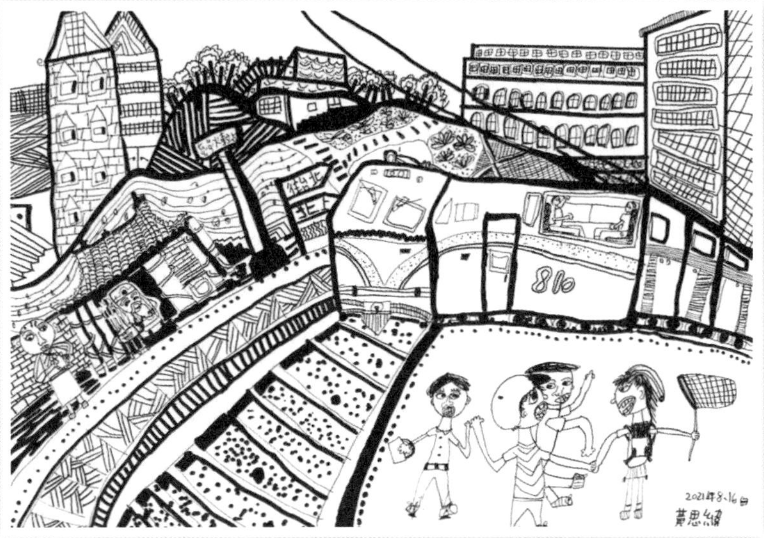

視覺型作品　八歲孩子畫作。孩子客觀地記錄月台周遭的人事物，並以大場景的方式描繪出更多內容。（黃思緯提供）

為豐富，畫的內容通常是他們特別有「感覺」的地方，因此他們著重感覺的呈現而不是華麗的技法表現，或許他們的畫工或寫實能力看起來很拙劣，但絕對可以在畫作中感受到他們濃郁而強烈的情感。

混合型（綜合型）孩子則介於兩者中間，沒有突出的寫實描繪能力，也沒有濃烈情感的感性表現，但混和型孩子透過訓練與學習，也都能夠適度地描繪出精確的圖形比例和表達出內心的思想與情感。

視覺型孩子在國小一、二年級時，可能已經能夠畫出很具象、很寫實的圖像，他們可能習慣看著一些圖鑑作畫，觀察到許多細微而真實的細節，描繪出連我們大人都自嘆弗如的圖像，他們可能畫出栩栩如生的獨角仙、畫出各種不同機型的戰鬥機或不同廠牌樣式的跑車，而觸覺型的孩子此時還天真地畫著各種充滿想像和情意的圖案、故事。當然我的意思不是說視覺型孩子比較厲害，但觸覺型孩子天生就比較吃虧，即使到了中、高年級，觸覺型孩子仍經常抓不準比例而被視為畫不好、畫不像或不會畫畫的孩子，其實這是很大的誤解，這只是因為一般人的審美觀較重視視覺寫實的表現能力，而不怎麼在乎情意表現能力的緣故。

依據羅恩菲爾的研究數據，視覺型孩子約佔四十七%，他們擅長描繪寫實而精確的比例，因此傳統的素描寫實課程對他們來說再合適不過，對他們來說，素描課很快就能上手，簡直是如魚得水、游刃有餘，但與此同時卻有另一半孩子因為無法畫得很像而對繪畫感到挫折，尤其是那二十三%「觸覺型」的孩子，這個比例等於四個孩子中就有一位孩子很難畫得像或根本無法畫出精準比例，而他們可能是情感濃烈的天才畫家，卻被大多數成人或同儕視為「不會畫畫的孩子」。

觸覺型作品 中年媽媽畫的樹，波浪狀的是樹葉，倒S型橘線為樹枝。她表示自己從小就無法畫出具體的形象，都用感覺作畫。

孩子的畫可以看到什麼？

十九世紀末、二十世紀初專家學者在研究兒童和兒童畫的同時，佛洛伊德和榮格開創了精神（分析）心理學派，精神分析學派也啟發了諾堡（Magaret Naumburg）對於兒童繪畫的心理研究，並發展出（動力取向）藝術治療。

繪畫心理學主要以佛洛伊德的精神分析心理學、兒童繪畫心理分析、皮亞傑的「認知發展理論」和羅恩菲爾等人提出的「兒童繪畫發展理論」做為理論基礎。

一九二〇到一九七〇年代，繪畫測驗與繪畫心理投射技術的研究如畫人測驗[2]、房樹人繪畫投射測驗（H-T-P）和家庭動力繪畫理論（K-F-D）[3]等逐漸發展出成熟的理論與解析技術。這些繪畫投射測驗和解析技術幫助我們更具體了解畫者內心世界的工具和觀看方法。

結合這些專家學者研究出來的理論和工具，我們得以從畫作一窺孩子的內心世界，以下我簡單說明一些相當實用而又容易理解的兒童繪畫心理學：

孩子心裡裝什麼，就畫什麼！

兒童畫的特色是「畫其所感，而非畫其所視」。兒童畫圖不像大人習慣要看著圖片或實體物品來臨摹，習慣憑著視覺經驗畫出寫實的圖像。兒童畫圖可以憑著記憶和想像來創作，畫出自己的感覺、感受和感知。觀察孩子畫出來的內容，就知道孩子最近接觸的人事物是什麼，而孩子會想畫出來的內容，通常就是孩子近期心中最有感覺、最重視、最喜歡或最期待的人事物。

幼稚園小班、中班之前的孩子，生活重心通常是家庭，因此孩子畫的內容經常圍繞著家人、家中物品或家裡發生的事情。一般來說，幼兒最常畫媽媽爸爸、自己、兄弟姐妹和其他家人。到了大班或小學低年級，孩子接觸到了同學及老師教導的各領域新知，學校生活打開

---

2. 古迪納夫（F.L.Goodenough）於一九二六年設計出第一個標準量化的繪畫測驗——畫人測驗，用來測試孩子的智力和認知發展程度。此測驗是以孩子畫出身體細節的多寡作為計分標準，畫出的細節越多，分數越高。
3. 出自《家庭動力繪畫》（*Kinetic Family Drawings*，一九七〇）一書，作者為伯恩斯和考夫曼（Burns & Kaufman）。他們要求孩子畫出家中正在活動中的家人，藉由觀察畫出（或沒畫出）的部份來了解孩子內心對家庭成員的想法、情緒、情感。

了孩子的新視野，因此孩子畫的內容越來越多樣化，各類玩具、卡通漫畫人物、學校教的內容（注音、國字、英文單字、數字、圖形……）以及和同學、老師的遊戲玩耍經驗等，都會變成孩子畫作裡的內容。

中、高年級孩子進入「黨群期」後，對群體生活、人際互動、環境關係的意識日益增加，同儕的喜好更深深地影響了孩子而使他們畫中出現不同的內容。從孩子畫的內容可以讓我們了解孩子最近熱衷迷戀什麼、最近學校同學間流行什麼。孩子畫出在學校教室上課情形及下課時和同學做了什麼遊戲活動，也都能讓我們了解孩子學校生活的樣貌。

孩子重視的是……

出現在孩子畫中的人事物代表孩子心裡裝了這些，但畫出來的內容個別間仍然存在著重要性的差別，我們可以從下面四個觀看重點看出孩子心中重要性的高低：

1. 大小

羅恩菲爾曾指出兒童畫的人物，表現的不僅是外表的形象，也反映出兒童的渴望、感覺、信念或對外界的想像。例如孩子畫的人物大小，反映的不只是人物客觀的絕對大小，可能也代表著此人在孩子心中的價值。

兒童的繪畫方式通常呈現內心的感受，而不是寫實的視覺經驗。所以當孩子有較強烈感受的、特別感興趣、特別重視或特別喜愛的人事物，他們就會畫得比較大，例如我們常看到孩子會把媽媽畫得特別大，因為在孩子心目中媽媽是比較親密、重視的人物；當他們把弟弟畫得特別小，除了弟弟體型本來就比較小，也有可能是對弟弟有點敵意或不重視弟弟的心理表現，因為心裡覺得弟弟分走了父母對他的關愛而產生排斥心理。

孩子平時都把媽媽畫比較大，但若發生特殊事件時則可能改變畫法，例如週末全家去露營，爸爸陪他踢足球的經驗讓他印象深刻，因此孩子選擇畫了爸爸陪他踢足球的回憶，此時孩子會把爸爸畫得比較大，在旁邊觀看的媽媽則畫得比較小，這樣的創作也表現出此次活動

四歲多女孩畫作。最大的人物是小女孩自己，旁邊紅色較小的是媽媽，兩個更小的是小女孩最喜歡的兩個玩偶，爸爸不在家。（蔡云鶱提供）

中爸爸在孩子心中的地位和重要性，大於平時和他比較親近的媽媽。

而孩子若把自己畫得特別大，則顯示孩子的自信心、自我價值感較高，這樣的孩子通常比較自我，也可能是平時在家中較受寵愛的關係，所以會把自己看得比較重。

2. 位置

每個物件在畫紙上擺放的位置也都有其心理投射。通常「畫面中間」是最重要的區域，因此大部分孩子會把心中認為最重要的人事物畫在中間。所以我們觀看孩子的圖畫中間畫了什麼，大概就能了解孩子目前心中較重視、較喜愛、較有感覺的是什麼。

其次重要的人事物，孩子就會依序往兩旁或上下擺放，畫在越邊緣位置的越不重要，忽略沒畫出來的更可想而知是什麼意思了。因此我在觀察孩子畫的家庭圖時，我也會特別關注孩子畫在畫紙兩旁的人物有哪些？省略沒畫出來的人物又有哪些？孩子把家中不同人物擺放在什麼位置，都有其心理投射意涵。

從畫面位置的配置來觀看孩子的心理比較適用於幼稚園中、大班以上的孩子，因為中、大班以上孩子開始比較具有整體畫面的空間配置概念，三、四歲以下幼兒畫圖通常很隨性，拿到畫紙想畫哪裡就畫哪裡，才畫完左半邊可能就跟你說他畫完了要換一張新的紙，我們大人可能會說：「這一半邊都沒畫啊，這樣空空的就換紙好浪費喔！」但幼兒可不這麼想，他們就是覺得畫這樣就好了，他們沒有要把畫面畫滿或空間配置的概念，更沒有浪不浪費的觀念，他們只知道想畫的已經畫完、表達完了。

所以若觀察幼兒畫出圖形的位置分配從隨意錯落變成有意識地擺放在不同位置，或是開始有意識地從畫紙中間開始畫起，都意味著孩子對於畫紙的空間分配和邏輯順序的能力有所提升。

八歲女孩畫作。由於爸爸生日，因此女孩將爸爸畫在圖畫中間，平時創作則不一定會把爸爸擺在畫面中間。（蔡忻晅提供）

3. 出場順序

孩子心中越重視、越喜歡或越有感覺的，就會越早想到而先畫出來。

若孩子畫的是人物，可以觀察孩子先畫出什麼人。心中越重要的人物，出場順序就越前面，其次再觀察孩子第二個、第三個畫的人物是誰，這樣的人物出場順序標誌出此刻孩子心中對這些人物的印象和感受。若孩子畫的是物品、事件或故事，一樣可觀察孩子畫的先後順序，孩子先畫了什麼內容，依序又畫了哪些內容，觀看孩子畫出的順序，大致上就可以了解這些人事物在孩子心中重要性的排序。

塗色的順序也很值得觀察，它同樣能傳遞出孩子的一些內在心理。我會觀察孩子先幫那些圖像塗色，先塗人物或事件？這先後順序一樣有重要參考價值。孩子先塗了什麼顏色？是暖色還是冷色？亮色還是暗色？後續又塗上了哪些顏色？而較早畫出的人事物，孩子又是塗上什麼顏色？這些綜合起來觀察，都能夠讓我們解讀到孩子許多細微的心理。

當然一張圖畫只能呈現孩子當下的心理狀況，孩子畫的出場順序也是會改變的，也許過一個星期之後孩子再畫類似的圖畫內容時，出場順序就不一樣了，因為這期間新的生活經驗為孩子帶來了心理變化，因此觀察孩子畫的出場順序也可以讓我們了解到孩子內心世界的

四歲女孩畫的一家五口和家裡的貓咪。小女孩畫出的順序為：貓咪、自己、二哥、媽媽、爸爸、大哥。（楊宇菲提供）

轉變。

而孩子常畫的「第一個人物」若總是固定不變，例如學齡前幼兒最常見的情況，不是先畫出媽媽就是先畫出自己，那麼我們就可以理解媽媽在他心中是非常重要的依附角色。總是第一個畫出自己的孩子，通常是比較自我的孩子，自我意識比較強烈，尤其若總是把自己畫得很大，那麼通常也會是比較有自信或平時較受到關注、寵愛的孩子。

4. 細節

孩子對於細節描繪的精細程度也顯示出了孩子心中認知的重要性。孩子心中越重視的人事物，就會花越多時間和精力著墨，自然描繪出較多的細節。

例如孩子較喜歡媽媽，就會在媽媽身上著墨較多，孩子會很認真地畫出媽媽身上的髮飾、配件，細膩地刻畫媽媽的五官、表情、肢體動作或服裝上的紋路等細節。孩子很喜歡飛機，就願意花時間去鑽研各類型飛機形狀、特色、功能，然後畫出飛機各部位的細節。所以觀察畫作中那個部分孩子畫得最詳細、花最多時間精力，大概就可以了解孩子的心思和重心在哪裡。而孩子省略、忽略不畫的細節，例如某些人物畫得很簡單，甚至連顏色都不想塗，自然也都有其意義。

孩子的內心情緒是……

前文說到，圖式期孩子有個獨特的繪畫特色叫「擬人畫法」，但我覺得這樣的繪畫特色不只是圖式期孩子會這樣畫，前圖式期、寫實前期的孩子或甚至成人，也都可能出現這樣賦予物體生命的畫法，只要內心保有感性和想像力，都可能有這樣賦予萬物生命的創作表現，而畫者在畫中賦予的生命狀態（笑臉或哭臉之類），往往也是畫者內心世界的投射。

因此我們觀察畫面中人物的表情或擬人化畫法出現的表情，都可以看出畫者投射出來的內心情緒。

以人物來說，畫中孩子自己的臉部表情，通常投射出孩子現在內心世界的心情；畫中其他人物的表情，則投射出孩子現在內心對那個人的情感、情緒或感受。例如孩子畫出媽媽是笑臉、爸爸或哥哥是哭臉，孩子的畫投射出來對媽媽的心情感受是愉悅正向的，但對爸爸或哥哥則有一些負面情緒。我們若問孩子為什麼爸爸或哥哥的臉是畫哭哭的？孩子可能會說爸爸昨天責備了他，或是哥哥剛剛欺負他，因此將內心的感受和情緒投射在畫裡，畫裡爸爸和哥哥的表情、姿態也可能呈現當時罵他、欺負他的神態樣貌。但這樣的投射只反應孩子創作時當下的心理狀態，過幾天事過境遷後，孩子畫的人物表情可能又不一樣了。

除了人物表情可以透露孩子的內心情緒之外，孩子畫作中的太陽、彩虹、雲、蝴蝶、花朵等出現的笑臉，也同樣投射出孩子的內心情緒，尤其雲朵最能投射出孩子當下的心情。孩子畫作中的雲朵若出現了哭臉、下雨，可能投射出孩子現在情緒不佳，但也有可能是孩子最近有相關的生活經驗，例如最近剛好看過跟下雨有關的繪本或影片，或是最近剛好連日下

五歲女孩畫一家人。她把自己和媽媽（左邊兩人）的頭髮、髮飾、服裝都描繪得相當細膩，右邊姊姊和爸爸則較簡略地帶過。（葉星妤提供）

雨，那麼我們比較可以理解孩子為何畫出下雨，但下雨為何連結哭臉呢？因為是下雨就不能出去玩，所以孩子心情不美而畫出哭臉。

愛心和彩虹也是幼兒常畫的內容，愛心是孩子認知「愛」的表徵符號，因此孩子畫了愛心，通常不是處在充滿愛的環境裡，就是內心渴望得到更多的愛。而愛心若使用了紅色、粉紅色或明亮、鮮豔的彩色，通常是比較正向的內在心理；孩子若畫了灰色、黑色等較晦暗顏色的愛心，那麼內心是有狀況的，需要關心一下孩子近期有沒有什麼讓他感到煩悶、壓抑或焦慮的事。彩虹給孩子的印象是有七種美麗的色彩，孩子喜歡一邊數著紅橙黃綠藍靛紫，一邊描繪出心中的彩虹。七色彩虹是一個美好而平衡的正向象徵符號，投射出孩子內心光明璀璨的正向心理及協調平穩的情緒狀態。

在孩子的畫作中看到笑臉、喜悅色彩的愛心和七色彩虹，通常內在狀態比較沒有什麼問題，是一個內心世界比較單純、快樂的孩子。相對的，畫作中的圖像出現較多暴力衝突、沮喪憂鬱的符號圖像，或使用較多晦暗抑鬱的色彩，那麼也代表孩子內心裡相對比較不快樂或是有擔憂、困擾之事。

孩子的心理距離是……

圖畫中人與人、人與物的距離也反映著孩子心中的心理距離。孩子內心裡較親近、較喜愛的人物會畫得離自己近一點；比較生疏、關係沒那麼好、不太重要的人物則會畫得離自己遠一點；更不熟悉或甚至害怕、討厭的人物，孩子自然會把他們畫在更遠的地方或直接省略不畫，有時孩子也會畫出一個阻隔物（例如電視、櫃子、垃圾桶等）擋在兩人中間，切斷兩人的連結，提供自己安全感或表明現實狀態。

因此觀察孩子畫作中自己和他人的距離遠近，可以了解到孩子心中對每個人的親密度或喜愛程度。例如有些孩子會把自己和媽媽畫得很近，把兄弟姐妹畫得離自己比較遠，這顯示出孩子心中想跟誰親近或不想跟誰親近，或是呈現出現實中跟誰比較親近而跟誰比較不親近。當然也有不少孩子會把其他手足畫得比較靠近，因為現實生活中他們可能彼此相伴、經常玩在一起，從畫裡觀看孩子和手足或父母的關係，可以很清楚觀察到孩子當時跟每個人「心理上的距離」。

而孩子把其他兄弟姐妹畫得離媽媽較近或較遠也是一項觀察重點。較常見的是哥哥或姊姊把弟弟妹妹畫得離父母較遠，表露出他們內心的期待，他們內心裡可能意識到弟弟或妹妹出生後，分走了原本父母對他們的關愛，因此潛意識裡會希望弟弟或妹妹離爸媽「遠一點」。而另一種情況是孩子畫出真實狀態，例如畫出媽媽和弟弟比較靠近，因為弟弟年紀還小，媽媽的確整天抱著弟弟，所以在他的感受或印象中，媽媽就是距離弟弟比較近，離他比較遠。

孩子的生命能量是……

孩子的畫，你第一眼看到的感覺是什麼？畫面給你的感覺是健康、有能量的嗎？有混亂的感覺嗎？是小心翼翼、畏懼膽怯，還是明快果決而又充滿活力？通常我們觀察孩子使用什麼顏色、色彩表現是明亮或是陰暗，以及畫的圖案大小、疏密，大概就可以感覺出來孩子的生命能量大小。

色彩學裡每種顏色都有正向和負向的心理意涵和能量，因此有時很難從孩子使用了「某個顏色」就評斷孩子的心理狀態或能量狀態為何。但根據我的經驗，觀察孩子在畫面中使用了較多的冷色調或暖色調、冷暖顏色的使用是否平衡，以及畫作給人的感覺是明亮還是晦暗，都是能透露出孩子目前的心理和能量狀態的觀察點。

一般來說暖色調的黃色、橘色、紅色給人溫暖、熱情、活力、

色環圖。

有能量的感覺。紅色能量最強，活潑有自信，但有時過於炙熱、強烈，情緒起伏也較大，甚至有時帶有攻擊性；橘色比較柔和、溫暖，也具有積極、活潑、開朗的特質，是很健康的暖色。黃色給人希望、愉快、開朗和幸福的感覺，但有時則顯得過於跳躍、任性和不穩定。我覺得依照孩子的身心發展，兒童應該多使用暖色，因為那象徵著孩子是健康、有活力、有行動力且較感性、溫暖的。

冷色調的代表色是藍色，藍色投射出的心理狀態是理性、冷靜、理智，它也展現了知性、和平和優雅的氣息，但負面意涵也有憂鬱、哀愁、冷漠或逃避心理。孩子只用暖色調來畫也不行，因為會過於活潑、好動，缺乏安定的力量，因此需要理性冷靜的力量來平衡，適度地將孩子的身心安頓下來，對於活潑好動的孩子，給予藍色系顏色是很好的安定力量。

綠色和紫色都屬於調和了冷暖色調的中間色。綠色會讓人聯想到植物、大自然，因此較明亮的綠色是很健康、很有生命力的顏色。綠色也揉合了黃色和藍色的能量，因此既有生長能量又有安定、溫和、謹慎、理性與自我克制的特質。紫色揉合了藍色和紅色的能量，因此既有浪漫的感性特質，也帶有執著、沈穩的力量。根據我的經驗，大量使用這兩個顏色的孩子，內心不是處在和諧、均衡的狀態就可能帶有一點衝突性。

粉紅色是紅色揉合了白色，淡化了原本紅色的強度而變成溫柔、浪漫的粉色。粉紅色同時也展現了善良、關懷、滋養的「愛」的能量。我個人很喜歡孩子畫作中出現粉紅色，因為不管是男生或女生，運用了粉紅色通常都顯示這孩子溫柔善良的一面，或許它比較帶有女性色彩，但喜歡粉紅色的孩子絕對比較溫和、溫柔、沒有攻擊性。

許多父母擔心孩子使用了黑色，是否代表孩子的心理有狀況？其實孩子若不是大量或經常使用黑色，同時也沒有一些負面情緒、行為出現，父母並不需要過度擔心而去限制孩子使用黑色。黑色擁有多種特質，黑色有收斂、專注、堅定、奢華、優雅的特質，也透露出嚴肅而神祕的力量。當然黑色也可能有壓抑、悲觀、恐懼、悲傷、沉重、晦暗不明等負向心理。孩子使用了黑色，只要我們多加觀察留意，就能知道孩子使用黑色是投射出正向還是負向的特質或心理意涵。

孩子在一次創作中，正常會使用三到五種顏色，孩子若每次創作都很固定地只使用一、兩種顏色，這可能顯現出孩子目前有著該顏色的心理特質，另一種可能是互補心理。若使用超過七、八種顏色，則孩子可能帶有一點急躁、缺乏專注力的特質，不然就是對顏色特別喜好、特別感性的孩子。

圖案的大小一般也能展現畫者的生命能量。圖案畫得較大，通常是有自信、高自我價值感、有主見、有能量的孩子；畫得小小的，則可能投射出自卑、內向、缺乏自信、退縮、消極、不喜人際互動的心理意涵，通常生命能量也比較低。畫面中出現太陽，也有可能象徵著自身的能量。發光物如路燈、燈管、蠟燭等亦可能有相同的意涵，這部分留待下節我再做更多的說明。

畫作中的「求救訊號」

掌握前述的繪畫心理學分析原則，大致上已經能夠讓我們讀懂孩子畫作投射出來的內在心理。這一節我想更具體說明畫中一些需要特別留意的負向訊號，幫助我們及早意識到孩子發出的求救訊息，例如內心有焦慮、疏離、孤獨、失落、恐懼、憤怒或哀傷的感受，或是孩子現在可能缺乏安全感、缺乏自信、充滿壓力或挫折感等。

家長、老師們若觀察到孩子的畫中出現以下訊號，應多加留意這些特別需要關懷與協助的孩子，及早協助孩子、與孩子的內心世界連結。

分享之前，我先說明一下觀看原則。孩子自發性、隨意的圖畫創作較能真實地投射出內在心理，上美術課的作品、大人指導過的作品，畫漫畫人物或素描技法練習的作品都較難觀察，因此觀看孩子畫作最好是孩子自由獨立隨意的創作，受到越少外界的影響越好。

早期繪畫心理測驗只讓畫者使用2B鉛筆作畫，以方便觀察畫者塗抹的狀況或加強的痕跡，但加上色彩後可以觀看的內容會更加多元豐富，因此我喜歡讓畫者使用既能清楚觀看到線條，又能看得到色彩使用情形的媒材和創作形式。

創作過程亦是觀察重點，畫者作畫時的情緒、態度、作畫的速度、修改塗抹的情況、描繪或塗色的順序等，皆傳達出不同的心理意涵。但在不得已的情況下，看最後完成作品亦能感受到畫者的心理狀態和生命能量，只是最好與畫者多加核對探討，方能得出最接近真相的結論。

內在情緒類

焦慮感、憂鬱、壓抑

「塗黑、反覆加強描繪的線條、反覆擦拭塗抹」可說是負向情緒最明顯的訊號。前面我們提到一個繪畫心理原則：越在乎就著墨越多，越會花時間精力去描繪細節。因此當孩子過度反覆描繪、加強地畫著線條、不停的塗抹或將其塗黑，都意味著內心對其有焦慮、抑鬱、壓抑或沉重感。

孩子把哪個部位塗黑，通常也意味著內心對那個部位有特殊的負面心理，例如頭部象徵著人的理智、意志、想像、領導、管理能力及人際關係，因此在頭部（如頭髮、臉、五官）

塗黑，通常會有其中某一方面的負面心理。很多人會問道：我們東方人本來就是黑頭髮，孩子把頭髮塗黑不是很正常嗎？把頭髮塗黑就代表有人際互動上的困擾或有其他負面心理嗎？答案並不是絕對的，孩子把頭髮塗黑有可能只是「概念畫」的畫法，還需要再比對其他線索，例如孩子最近和同學、家人是否有摩擦、爭吵的情況發生？孩子最近會自覺功課不好、適應不良嗎？根據我的觀察，也是有許多孩子畫頭髮時不會塗黑而只畫出幾根頭髮或是畫出頭髮外型，因此孩子若刻意把頭髮塗成黑色，仍代表孩子心理上對於這個部位較重視，還是要多加觀察留意。

身體象徵著自我功能、情緒狀態和適應狀況，因此把身體或四肢塗黑可能代表內心有焦慮感或情緒困擾。例如把身體塗黑，可能意味著對自己身體狀況不滿、對自我的不認同或是有嚴重的情緒困擾。把手、腳塗黑，可能意味著對身體這部位能力或動作的焦慮感，例如可能是孩子的手腳受傷了、手腳功能不佳行動不便而感到沮喪，亦或是大人會用手打他讓他形成對這個部位的焦慮感，而有時也可能是自己有攻擊的衝動。

若是把自己整個人塗黑，那麼可能是對自己有不認同感、覺得自己很差勁、很糟糕或有其他嚴重的情緒困擾。把別人塗黑也有類似的心理投射，青少年以上的孩子這樣畫也有可能是暗戀對方的一種焦慮感表現。

樹木的樹皮、房屋的牆壁都是與外界接觸的地方，也象徵我們適應環境及人際互動的情況，因此孩子在畫樹或房屋時，過度反覆加強描繪樹皮或牆壁，或者會特別加上陰影、塗黑、反覆畫線加強，都可能帶有目前對外界環境適應不佳或是在人際互動上有焦慮情緒的可能性，需要多加留意。

情緒低落

孩子很常畫太陽和雲。雲的表情、雲想做什麼、雲的顏色，都投射出孩子的內心情緒。孩子畫的是開心笑臉的雲，還是哭泣傷心的雲外加下雨、打雷、閃電，也都透露出孩子此刻的心情。

不只是雲，畫面中有出現擬人化畫法的哭泣、眼淚，或是烏雲、下雨、煙囪冒著黑煙、塗黑，都可能象徵著孩子此刻情緒的低落。煙囪的黑煙通常跟家庭、家人有關，常見的是家庭氣氛不佳、父母管教過於嚴苛或父母爭吵等，造成孩子內心的負面情緒或不良感受。

孩子畫出折斷的樹枝、樹葉或果實掉落下來，也都象徵著某些事情失敗或不如意為其帶來傷心沮喪的負面情緒，也代表目前生命能量的不順暢。畫樹葉掉落到地面，可能象徵著內心裡有著對父母或家庭的依戀，可能思念父母或渴望在父母身邊，可以多了解孩子目前和父母的關係或相處情況。

房屋的屋頂相當於人的頭部，因此孩子若將屋頂整個塗黑，通常內心或精神上都有沉重的壓力，很可能是想法、理智、思考或人際互動上出現問題而帶來情緒低落。

疏離感、孤獨感

當孩子缺乏愛、近期人際互動不佳或與人爭吵，內心便容易有疏離感或孤獨感。畫面中最常看到的訊號是人物畫得很稀少，尤其只有畫出自己一個人，或是其他人都畫得離他很遠，這樣的畫面透露出孩子內心的孤獨感或孩子對自己目前處境的感知，而這也顯示了孩子目前可能缺乏與人親近的動力或是覺得沒有人想與之親近的心理感受。

一般來說，每個孩子在家裡或是在學校都會有比較親近的人，請孩子畫家庭圖或學校的生活情況都可以讓我們觀察到孩子的人際關係以及和其他人的互動狀況。因此若孩子的畫中都是獨自一人，或者經常畫出和其他人有很大的距離，便是一個要特別注意的訊號。父母或老師要進一步了解是目前孩子發生了什麼事，還是孩子本身個性或人格特質所導致，再協助孩子改善現況，必要時陪同孩子尋求更多專業的協助。

孩子若畫出高山上的房子、遠處小小的房子，也都是反映孩子內心感到孤獨寂寞，覺得被拋棄或是想要離群索居、尋求獨處。孩子畫出房屋蓋在樹上，則有想在險惡的環境中尋求一個安全庇護所的心理意涵。房屋飄浮在空中，可能是對家庭有無力感、不安全感或疏離感。畫出以上圖像的孩子，都需要大人多加關懷、多跟孩子聊聊，因為這些訊號都告訴我們孩子目前身陷困境、孤獨地急待救援。

缺乏安全感

孩子畫出很小的人，可能是內心沒有安全感、缺乏自信或情緒低落。孩子畫出有著細小的腿或雙腳併攏的腿的人物，除了可能意味著畫者自覺沒有行動力、活動力之外，有時也可能意味著自身缺乏安全感，因而「不大敢動、不想動或覺得動不了」。

以畫樹來看，大班以上年紀的孩子「畫出樹幹是一條線」的樹或「樹幹是細細長長」的樹，那是一棵很柔弱的樹，可能是孩子內心覺得沒有依靠，成長過程中沒有得到足夠的支持和愛護，因此生命能量很低。畫出這樣瘦弱的樹也代表孩子可能較缺乏安全感和自信心，應該多關心孩子，找出讓孩子沒有安全感和自信心的原因。

孩子畫的樹木通常會有樹根、會長在地面上，會藉由樹根牢實地抓住地面提供樹木向上成長的穩定性。孩子畫的樹若是直接從下方紙邊長出來，看不到樹根或地面，可能顯示孩子心中沒有安全感、沒有著力點，反映了現實生活環境可能沒有提供他穩定立足的力量。

孩子在大班左右會開始意識到物我關係以及自己和環境的關係，因此孩子會更明確地認知到人站在地面上、汽車在馬路上跑，因而會在畫面上畫出基底線做為立足的基礎。這條基底線除了顯示物我與環境的關連性，地面也提供一種安全感、穩定立足的踏實感，因此孩子在畫樹時，若先畫出地平線（一小段或一整條都算）再畫出樹，則可能代表孩子平時行為處事較依賴、習慣尋求依靠或需要穩定感。

或者，孩子畫樹時畫出地平線、地面之後，還反覆加強、塗黑或畫上陰影（為了正確表現陽

二十多歲的社會新鮮人畫的樹。她表示目前對於工作有無力感和不確定感，正在尋找人生和工作的方向中。

光照射下的陰影不算），則有缺乏安全感、過度依賴而有焦慮感的可能。畫樹沒有畫出地平線、地面的人擁有足夠的安全感，這樣的人做事情比較注重整體而忽視局部、較不會堅持己見或有明確立場，他們也可能將重心放在當下而不會太思考安全感的問題。孩子畫房子若反覆加強描繪地面、塗黑或畫上陰影，一樣反映出缺乏安全感或尋求依賴的心理。

孩子畫的房屋若加上圍牆、柵欄或水溝，都代表著自我保護或自我防衛的意識。他們希望有自己的領地，而這個私領域不希望別人輕易踏入，一定要經過他的同意才能進入。他的內心也可能潛藏著不想被打擾、被觸碰的心理。尤其若過於強調圍牆、柵欄、水溝，例如會不斷畫出反覆性線條來描繪柵欄、塗黑加陰影或過於細膩地描繪細節，都可能是沒有安全感或對於跟外界接觸有著強烈焦慮感的心理投射。

房子的窗戶可以讓裡面的人看出去或讓外面的人看進來，因此孩子若畫出像柵欄、鐵窗似的窗戶，那麼可能象徵孩子對於家庭管教有不良的感受，有被禁錮或不自由的感覺；也可能象徵自我保護意識很強烈、缺乏安全感，所以畫出這樣的窗戶來保護自己，避免外界侵擾。

人際關係類

對社交的焦慮

我們在和別人說話時會看著對方的臉、注視著對方的眼睛。我們在與人互動時，想要呈現美好的一面給別人看時會特地梳妝打扮，因為我們的臉部是我們呈現給外界的自我形象，我們用一個人五官的美醜來評價對方，臉部及五官也象徵著我們的「人際互動」。

在臉部或五官的特別描繪或省略，都帶有人際關係上的焦慮感。

沒有畫出五官，可能代表內心想逃避、不願面對或是不知如何面對。將五官畫得模糊不清則可能有退縮的傾向，內心對於人際互動存在著恐懼、害怕的心理，有時也會過度自我防衛而不想與人互動。過分強調五官，不斷用線條加強五官的描繪，顯示在與人互動時可能過度重視自我來彌補自己內心的匱乏感或軟弱感，有時還會帶有攻擊性。若只是把五官描繪得很漂亮，畫出來的臉部並沒有給人沉重感或壓迫感，那可能只是比較愛面子或愛美的孩子。

臉部和五官是人與外界環境接觸的主要部位，對應上象徵著隱性自我的樹木，就是樹幹兩側和樹皮的部位。樹皮是樹木與外界接觸的主要部位，因此孩子若會反覆加強描繪一棵樹幹兩旁的線條，或是特別畫出樹皮的紋路或陰影，並且呈現出一種沉重感、壓迫感，那麼可能同樣代表內心有著社交上的焦慮感，可能與人溝通不良、無法充分表達自己想法，無法融入他人、遭到排擠、外界給予極大壓力，或有被侵擾的狀況發生。而孩子若把樹皮完全塗黑，則顯示孩子與外界關係處在很緊張或極度不良的狀態，內心裡充滿抑鬱、焦慮不安甚至是恐懼，是很嚴重的訊號，一定要特別關注這孩子。

適應不良或變通性較低

根據我的觀察，幼稚園大班以上的孩子若畫面裡經常畫出較多弧線、圓形或靈活多變的線條、圖案，大多是聰明伶俐、古靈精怪的孩子。他們的變通力通常很好，遇到問題會自己想辦法解決，所以適應能力通常也很好，到哪裡都沒什麼太大問題。而畫面中若畫出較多橫線和直線的孩子，可能個性較為理性執著。孩子畫出來的人物姿態若比較僵硬、呆板，若不是平時太少畫畫，就可能會有能力較不佳、較缺乏變通性和適應力的特質，為人處世通常也比較沒有那麼靈活、圓滑。

幼稚園小班、中班的孩子因為剛會畫出人物的身體、四肢，因此畫出如稻草人般的僵硬姿勢算是正常的繪畫表現，不常畫畫的孩子到了大班畫出來的人物姿態依然如此，這樣的繪畫表現也算正常，因為是孩子鮮少畫畫的緣故所以無法畫出太多的變化性。但孩子如果到了小學一年級以上的年紀，畫出來的人物姿態依然很僵硬，或是畫面中大多是僵直缺少圓弧形的線條、圖形，則可能反映出孩子對於生活的適應不良或變通性較低，這樣的孩子自信心和自我價值感通常也會比較低落，線條過於僵硬若再加上重複描繪加強，則可能反映個性上過於固執或帶有一點攻擊傾向。而這樣的適應不良或變通性低，最常出現在課業學習或人際互動上。

圓弧、圓圈和彎曲的線條體現出畫者靈活的變通性，如果觀察發現孩子畫的人物、圖像都較僵硬無變化，則先了

七歲女孩畫作。可注意到畫中人物的手和腳略為僵硬，媽媽表示女兒在人際互動上較缺乏圓滑性，有時較固執。（潘鈺臻提供）

解孩子平時是否太少畫畫，可多引導孩子自由塗鴉，若隨著孩子繪畫經驗增加，孩子畫出來圖像變化性也能與日遽增，那麼就不用太擔心，純粹是畫畫經驗太少的問題。但若孩子已經較常畫畫了，畫出來的圖形變化性依然進步不大，依然顯得很僵直呆板，則比較可能是孩子天生個性、特質或能力問題，可以引導孩子多練習畫圓圈來增加靈活度和變通性。

個性特質類

缺乏自主能力

當孩子自覺缺乏某些能力或有些事情不願意面對時，就可能會畫得不完整或忽略不畫。我的經驗中，較常見到的情況是手、腳、眼珠、嘴巴等只畫出一半、畫得缺漏不完整、畫得過於簡單，或者直接沒畫出來。

俗話說眼睛是靈魂之窗，眼睛是我們內在心靈與外面世界互動溝通最重要的器官，我們藉由眼睛觀看外面世界，也透過眼睛與外界溝通。孩子畫出眼睛卻沒畫出眼珠，可能投射出孩子內心對外在環境或遭遇到的問題視而不見或不屑一顧，也可能在個性上較不願承認自身的問題、喜歡強辯或強詞奪理。因此看到孩子畫了眼睛卻沒畫出眼珠，基本上就要進一步觀察孩子是否有上述個性特質，並了解導致孩子擁有如此個性特質或行為表現的原因為何，予以關懷與協助。

手是讓我們做事情、拿取物品或操作工具的部位，孩子對手的感受是自己與外界環境事物的互動能力，以及對外界事物的掌控能力。因此當孩子只畫出手臂而沒畫出手掌或手指，只畫出一條線的手臂（三到五歲幼兒不算）或沒畫出手，都可能反映出孩子自覺自己對外界事物沒有掌控力或沒有自主的能力和權力，因而長不出健全的手，自然也不會畫出一雙強而有力的手。能畫出有厚度、結構完整和比例正確的雙手，尤其手臂能有彎曲的姿態，都代表孩子在這方面的意識是正常且健康的。若手臂畫得過長，則顯示孩子的掌控欲望較為強烈。

腳可以讓我們自由行動、四處移動，所以腳象徵著我們的活動力和行動能力。因此當孩子畫出很細小的腳、一條線的腳、併攏的腳、被裙子包住的腳、跪坐或盤坐在地上的腳……等，都反映出孩子自覺缺乏行動力或活動力，而省略沒畫出腳，可能有想離家出走的心理意涵。我經常看到孩子畫出爸爸的腳是A字形張開或是正在走路、奔跑的動作姿態，爸爸通常因為工作關係要上下班、跑來跑去，假日也會帶他們出外活動，因此爸爸在孩子心中大多是比較富有行動力的形象。當然現代許多母親也是上班族，也極具行動力，在孩子心中也可能有著同樣的形象。觀察孩子畫出來每個人物的雙腳，就能透露出每個人在孩子心中行動力的印象為何。而孩子畫自己腳的完整度和姿態動作，也透露出他們對自我的心理認知。

如第一章分享的故事案例，我們會發現許多手腳畫得不完整、畫得較簡單或甚至沒畫出手腳的孩子，都是自覺在父母嚴厲的管教與限制下，缺乏自主能力或行動力的孩子，因此長不出強而有力的手腳。若看到這樣的圖畫訊號，可以先檢視自己平時對孩子的管教情況，如果的確過於嚴厲或有過多限制，那麼應該多給予孩子自由空間和自主練習的機會，若自己的管教並沒有這樣的情況，再來探究是什麼原因造成孩子有這樣的心理認知，幫助孩子生出能量、長出健全的手腳。

生命能量低、缺乏自信

請孩子畫自己或畫一個人，通常都會有他自我的投射；請孩子畫一棵樹，這棵樹通常也帶有隱性自我的投射。因此我們觀看孩子畫出來的人物或這棵樹是否充滿活力和生命力，形象是壯碩或柔弱，都投射出孩子現在生命能量的狀態。

孩子畫面中的人、物都畫得偏小，可能反映出畫者個性較內向、害羞、拘謹或做事比較小心謹慎；若是畫的人、物明顯特別小、小得不成比例，則可能有膽怯、缺乏自信、畏懼的心理或甚至可能有退行[4]的現象，尤其把自己畫得特別小的孩子更需要特別留意。

在繪畫心理學理論裡，人物若小於畫面九分之一就算是過小，通常有不適應環境、自我壓抑、內向、自尊心弱、自我無力感、自我評價低、自卑、焦慮不安、拘謹、膽怯、害羞、情緒低落、精神動力不定、退行等「某些」心裡狀態，在此強調並不是以上「全部」症狀都有，孩子畫出這樣過小的圖像，父母或老師可先核對孩子可能有上述哪些心理現象，再去了解造成孩子有這樣負向心理的原因為何。

孩子畫出來的樹看起來若相當柔弱、樹幹很細瘦、樹葉很稀疏，也都同樣投射出孩子目前的生命能量很低。如果樹木沒有樹葉，甚至是一棵沒有生命的枯樹，這更象徵著孩子內心裡沒有生機、對未來沒有什麼希望，這是很嚴重的訊號，請務必要特別關注這個孩子。相對

4. 退行（regression）是指孩子在受到挫折、嚴厲責罵、貶損、缺乏關愛時，會產生焦慮感或其他負面情緒，孩子會退化到較早階段的行為表現。退化的行為表現可以降低孩子的焦慮感、各種負面情緒，或取得大人更多的關注。因此有些孩子會刻意表現得較無能以淡化自己預期可能會表現不好的心理壓力，或是一個小學一年級的孩子可能刻意表現出跟中班弟弟一樣的行為能力，以獲得跟弟弟同等的關注與照顧。

的，如果孩子畫出來的樹幹很粗大、樹冠枝繁葉茂，我們就知道孩子現在處在充滿能量、充滿希望和生命力的狀態。

畫面中的太陽有許多意涵，可能象徵著父親、陽性力量或自身的能量，所以看孩子畫面中的太陽能量強度，也可以感受到孩子內心生命能量和溫度，一顆炙熱、散發著強烈光芒的太陽，絕對比夕陽、被雲朵或山峰遮住的太陽或畫在畫面左右上角四分之一的太陽來得有能量、有活力。而塗黑的太陽，當然也象徵著孩子現在的生命能量有所阻礙，需要好好探究一下孩子最近發生了什麼事。

具攻擊性

畫出尖角、尖銳的圖形都帶有一點攻擊性的心理意涵，例如畫出尖銳的山峰、向內或向外刺刺的頭髮、尖銳的樹枝或樹葉、尖銳的手指或指甲。而畫出具有攻擊性、殺傷力的刀劍、槍砲、戰車、飛彈等武器，因為「畫其所感」的緣故，心裡通常也有著某種程度的攻擊性。

畫出牙齒有時代表著言語上的攻擊性；手掌畫得很大或畫出尖銳的手指、指甲比較偏向是肢體動作上的攻擊性。若加上塗黑、反覆加強線條的訊號，則我們可以了解到孩子對其帶有焦慮感或一些負向心理。

有些孩子會畫出尖銳的頭髮，若是畫向外突出如火形的刺刺頭髮，個性上可能較易怒、易與人衝突，是對外的攻擊性。畫的若是瀏海向內的尖銳頭髮，則象徵著孩子可能有自我攻擊、自我批判的性格。看到孩子畫出這樣的人物造型，我會進一步了解孩子近期是否觀看了形象相似的卡通漫畫，孩子是照著卡通漫畫裡的人物來仿畫，還是自己創造出來的人物，兩者的差異反映出孩子內心攻擊性的強弱程度。但不管是哪一種，孩子會喜歡（畫）這樣具有攻擊性的人物，多少都呈現出孩子內在傾向這樣的心理狀態或人格特質。

畫線或畫圖時畫得較用力，顯示孩子性格較果決、有能量，但若過度用力，則可能帶有攻擊性，也可能代表著神經緊繃、脾氣暴躁或有焦慮感。適度用力的線條給人明確、肯定、穩定的感

八歲男孩的仿畫作品，畫的是日本動漫《鬼滅之刃》的角色。孩子覺得這個角色很帥，所以想把他畫下來。（蔡稷廷提供）

覺，是有自信、有能量的孩子，這與「過度用力」是不同的，必須特別留意或多比對其他訊息。畫線或畫圖時畫得較輕的孩子，顯示性格比較內向、優柔寡斷，做事較猶豫不決，若過度輕淡虛弱，則可能有畏懼、害怕、沒有安全感的心理，通常也比較缺乏自信。

畫出來的圖像若非常大、誇張的大，有時也象徵著有攻擊傾向、較情緒化或有躁動的傾向，會這麼畫可能是內心無力感所表現出來的一種自我防禦機制，刻意要表現出自信心、自我價值感或自我存在感。建議父母、老師若看到畫出特別大圖像的孩子，可以先核對孩子的日常行為表現，以確認孩子只是較有信心、較自我，還是真的有上述負向的情緒和行為表現。

自我封閉、不願面對

當孩子嘗試要向我們表達心聲，而大人總是不願意聽、聽不懂、不認同，甚至回以蔑視、斥責、辱罵或體罰，孩子便學會不要溝通，或認為不能說出內心的話，他們發現大人無法與他們的心連結，進而逐漸放棄與大人溝通。

當孩子開始學會隱藏內心的真實想法，不管是不願意面對自己或不願意面對他人，孩子可能開始畫出側面人物以隱藏一部分內在心理，更甚者畫出背面人物時，則投射出孩子不願意面對、不知道如何面對或是乾脆轉身逃避的心理。

沒有畫出眼珠、耳朵、嘴巴也都可能帶著同樣的意涵，想想每個器官代表著什麼功能，而孩子為什麼沒畫出來，不管是忘記畫、不知道怎麼畫或是簡略地畫，都有其相對應的心理意涵。

房屋除了象徵家庭，也可以象徵畫者本身，尤其可以把一間房屋想成一個人的頭部，門是房子進出的通道，相當於人的嘴巴。因此孩子「沒有畫出門」、「門畫得小小的」或是「畫了門卻沒有畫出手把」，都意味著孩子內心不願意與外界溝通或是有自我封閉的心理。孩子有畫出門，儘管畫的門很小或是沒有畫出門把，都還有著一絲溝通意願，等待大人去開啟他的心中大門。而沒有畫出門是最嚴重的，孩子內心裡已經沒有溝通意願，更是需要大人多加關懷。

房子的窗戶是另一個對外聯繫的管道，窗戶相當於人的眼睛，可以看出去或讓人從外面看進來，因此孩子畫了窗戶代表著對外面世界的好奇心，窗戶越多代表對外面世界擁有越多的好奇。根據我的觀察，四、五歲幼兒畫的房子常常會有一整排的窗戶，他們總是開心地畫出整屋子滿滿的窗戶，因為他們內心裡充滿著對外面世界的好奇心，他們也非常喜歡出去玩，走出去探索外面的世界。但隨著孩子的年紀增長，與外面世界接觸越多，越了解外面現實的世界，孩子的窗戶便慢慢變為制式的兩個窗戶，甚至受傷的孩子就不畫窗戶了。

窗戶除了能讓自己看到外面的世界，也能讓別人透過窗戶看進來，因此窗戶也象徵著畫者內心對外界的真誠度、警戒度和開放程度。孩子畫的窗戶越多、越大，代表孩子內心越純真透明，因此我認為在孩子的畫作裡，看到畫了很大或很多窗戶的房屋是非常好的現象，這樣的孩子不但保有對外界的好奇心，內心也相當純真、坦率。

孩子若畫出超小的窗戶、一扇窗戶或沒有畫出窗戶，通常也意味著孩子對外界失去好奇心，或是不想讓別人看到他的內心世界。一個原本理應對外界充滿好奇、內心真誠坦率的孩子，為什麼會想要自我封閉或不希望別人看到他？我想一定是孩子內心哪裡受挫受傷了，因此這也是一個特別需要注意的訊號。

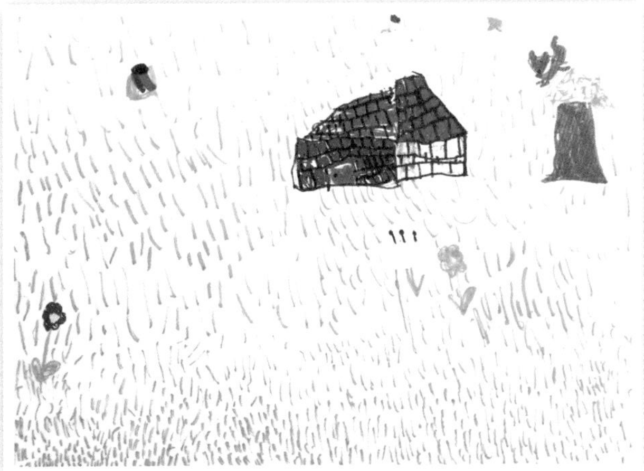

六歲男孩的畫作。磚頭呈現出厚實堅固和密不透風的禁錮感，也沒有畫出窗戶，似乎不想讓外人看到其內心世界或是不想與外界連結。

過於要求完美、強迫傾向

孩子畫圖較隨便，畫圖很潦草，意味著孩子的個性或做事態度亦是如此。而畫出過於詳細的圖案，如堅持樹葉一定要一片一片畫出來、頭髮會一根一根畫出來，或經常反覆塗抹擦拭修改，那麼也顯示出孩子做事仔細、相當注重成果表現、凡事力求完美的性格，嚴重者可能有強迫傾向或給予自己過多的壓力。

有完美主義傾向的人較常畫出繁複的圖案，尤其可能會特別強調對稱性、秩序排列和工整性，他們即使有意識到自己過於要求完美，甚至自己都覺得應該做點改變或調整，但通常仍會堅持下去，把繁複的細節一一畫

中年媽媽畫作。可以看到圖中的樹葉是一片片描繪的。她表示自己是個完美主義者，即使很疲累也會要求自己把所有細節都畫出來。（王昭雁提供）

出來。

自我要求高、凡事要求完美的個性或特質其實不是壞事，甚至可說是一項優點及成功的特質，因此若非已到強迫傾向，或是會給自己過多壓力，嚴重影響到孩子的學習和日常生活，孩子有這樣的特質是值得我們肯定與鼓勵的，因為他們比一般孩子更專注、更執著、更堅持、更細心且更有耐心，而這不就是我們努力引導孩子前往的方向嗎？

渴望自由

當孩子的家庭或所處環境有過多的規條限制，總是被父母、老師嚴格的管教與掌控，孩子便容易心生渴望自由的念頭。孩子畫面中若畫出鳥，可能有尋求自由、渴望自由飛翔或想跳脫目前環境的心理投射。

但我們需要進一步了解的是，孩子畫的鳥是投射自己還是別人？鳥是停在樹上還是正在飛翔呢？

如果孩子畫面中的鳥正在飛翔，可能象徵著他的內心渴望像小鳥一樣飛翔，或是心已經飛出去了。畫面中的小鳥若是停駐在樹上，可以問孩子這隻小鳥在做什麼？為什麼停在樹上？通常停留在樹上的小鳥可能意味著內心渴望自由但卻飛不出去、還沒有勇氣飛翔，或是心有所牽絆、依戀而無法自由飛翔。

畫出鳥巢可能是孩子內心渴望一個安全的窩，也可能內心期望更多的照顧、依賴、依附，或內心渴望被保護著。孩子畫出的鳥是身在鳥巢中？還是鳥巢中另有其「鳥」，而自己是鳥巢外的鳥？這所代表的心理意涵都不同，可以自行推理想像一下。例如有位媽媽把自己畫成正往鳥巢飛回來的鳥，樹上鳥巢裡有一大一小兩隻小鳥，她是家中的主要經濟來源，因此這樣的圖像可能投射出她心裡覺得自己必須要出外覓食，照顧鳥巢裡的兩隻鳥，內心裡有一份責任和辛勞感，或是一種不自由的無奈感。

除了小鳥會飛翔，會飛、會動的事物都可能具有渴望自由的意涵。例如在飛的飛機、汽車（可觀察汽車是停在家旁邊亦或是開在路上）、氣球、風箏。在繪畫心理學的研究裡，氣球有渴望（或需要）跳脫情境或跳脫掌控的心理意涵；飄出去的雲也有類似的意涵；風箏象徵著雖然渴望跳脫諸多限制的家庭環境，飛在空中，但仍有一條線繫住，心裡有所牽絆、掛念，有放不開的人事物或自覺有個無法掙脫的束縛存在著。

要學會從畫作讀懂孩子的心，除了要多了解繪畫心理學的理論和技巧外，還需要運用同理心和想像力，大膽假設、小心求證，並透過與孩子更多的對話來核對，抽絲剝繭地探尋，便能深入了解孩子真實的內心世界。

學會從畫裡讀懂孩子的心，可以幫助我們了解孩子現在的心理狀態，而孩子現在的心理狀態，往往也反映著家庭教養和學校教育對孩子的影響。了解孩子畫作訊息所傳達的心理意涵，除了是一項對父母、老師的提醒與自我覺察的督促外，也讓我們能夠在孩子還處在輕微負面影響的情況下及時被覺察到，進而能夠予以關懷與協助，盡早阻斷這些對孩子的傷害或不良影響，並給予孩子需要的溫暖、愛與關懷。

繪畫心理學的研究並不是要我們按圖索驥，比對書上的內容後妄自定義孩子。它提供我們一些基本原理和參考依據，例如孩子畫一個人物通常就是自我的投射，人物的頭部象徵著理智、智力、意志、思想和人際關係等，這是我們可以理解的，因為大腦在頭部，因此關於思想、理智這些都會在頭部的描繪中投射出來；而我們的五官作為我們與外人溝通的管道，因此和人際互動有關，所以畫出側面，代表有些東西不想給別人看，想保持部分隱私或神祕感，畫出背面更是完全不想給別人看或不願意面對。

透過用理解、同理及運用想像力去聯想其中的關連性，我們會發現「繪畫心理學」其實一點也不難懂，也沒有充滿神祕玄怪色彩或是那麼深奧遙不可及。

再舉個例子說明，人的身體有重要的心臟，掌管著我們的情緒，四肢帶給我們行動力，「脖子」正好連結著頭部和身體四肢，把「思想、意志」和「情緒、行動」連結起來，脖子不就是這唯一的連結通道嗎？套用這樣的邏輯後，我們再來看畫時便容易理解：四、五歲孩子沒畫出脖子屬正常現象，一來是他們能畫的圖像還很簡單，二來是他們還沒有辦法做到理智地控制情緒和行動，因此這年紀的幼兒大多不會畫出脖子，你看幼稚園以下的孩子不是大多比較情緒化，想要什麼就馬上要，較無法透過理智、理性的邏輯思考來管控自己的情緒和行為。而當孩子會主動畫出脖子，可能就意味著孩子的思想、意志已經能夠跟情緒、行動做好連結了。

國小兒童或成人理應能畫出脖子，但若沒有畫出脖子，可能就意味著思想、意志和情緒、行動的連結有點問題，可能會有意志、理智上較無法控制自己情緒和行動的表現；適應能力較差、靈活度不夠；或是做事較憑本能、不顧後果的情況。所以透過理解畫作訊號的心理意涵和邏輯推衍，便能讓我們更理解孩子的心理狀況和行為表現。

最後再次強調，這些理論僅供我們參考，提供我們推論的「可能性」，我們不可單憑這些理論就幫孩子貼上標籤或武斷地認定孩子一定有什麼心理問題。一定要以溫和、尊重、開放的態度，不斷地與孩子深入討論，才能得到最接近真實的情況，而最後的定論請交給孩子，因為孩子才是最了解自己的人。

希望透過這樣的分享，也能開啟您與孩子內心更深入的連結。

第三章

對話和連結

你的孩子是哪一型？

線畫型與色彩型、視覺型與觸覺型

這麼多年來觀察孩子的創作過程及研究社團中許多媽媽上傳的作品，我發現一個有趣的現象，有些孩子想法很流暢，腦海中會一直浮現圖像、故事，所以創作欲望非常旺盛，可以一直畫個不停，他們的畫作總是畫了滿滿的圖案與故事劇情。這類型孩子通常都畫得很好，線條純熟有力、圖案靈活多變而且畫圖很迅速，而他們通常有一個共同特徵，就是只喜歡畫不喜歡塗顏色，我將其稱為「線畫型」孩子。

「線畫型」孩子總是急著要把腦海中的圖像畫出來，對於塗顏色一點也不在乎。想要求「線畫型」孩子多塗點顏色，常讓許多家長和美術老師費盡心力而感到頭痛不已，有時還會因此和孩子鬧得很不愉快。大人因為「有塗上顏色作品才完整」、「作品塗滿顏色才算完成作品」的想法，因而不斷要求甚至斥責孩子，對創作靈感不斷湧現的線畫型孩子來說，無異是一種創作上的干擾。我因為能了解孩子這樣的心情和創作特質，所以對於線畫型孩子，我的塗色要求和標準通常也有所不同，我會給予建議但尊重他們的塗色意願和選擇，我會傾向讓他們盡情享受可以讓想像恣意奔馳的線畫創作過程，而不是堅持他一定要把整張畫面塗滿顏色，但我會把孩子的狀況跟家長說明清楚。

線畫型孩子很擅長描繪人、物的形體姿態，因此對於線條、圖案的掌握很熟稔，也經常是一支筆、一種顏色從頭畫到尾，他們對顏色的多寡、選用什麼顏色其實不太在乎。

我觀察「線畫型」孩子不喜歡塗色的另一個原因是，他們常常可以把畫面畫得滿滿的，有豐富的故事劇情和細節，超齡的繪畫表現也常讓大人讚嘆不已。像他們這樣畫滿整張圖畫紙時，其實是相當「燒腦」的，就像剛跑完三圈操場一樣疲累，難怪此時要求他們塗色常會聽到他們哀嚎，而面對畫得滿滿的線畫

六歲女孩畫作。小女孩平時喜歡畫人物，所以年紀雖小，卻能生動描繪出各種不同角度及神情姿態。（李梓緹提供）

內容，孩子也不知要從何處開始著色起。

相對於對塗顏色不大感興趣的「線畫型」孩子，另一種類型的孩子則是對顏色有高度的興趣，他們喜歡直接用色筆畫線或塗色，也經常變換顏色，整張作品完成時，我們一定會注意到他們的用色非常豐富，從畫面中可以強烈感受到孩子的心情及他們對顏色的喜愛。這類型孩子通常不會畫出極為豐富、獨特或細膩的線畫內容，但他們在選顏色、換顏色、搭配顏色或甚至只是排列盒中不同顏色的色筆上，會花上很多時間精力，也享受於沉浸在繽紛的色彩裡，我將其稱為「色彩型」孩子。

當然大部分孩子是介於兩種類型中間的「綜合型」，綜合型孩子能畫出一定程度的線畫內容，再依自己的個性選用顏色上色。他們可能會邊畫邊塗色，或是全部畫完再塗色，但他們不像線畫型孩子那麼排斥塗色，也不會像色彩型孩子那樣花很多時間在排列色筆或挑選顏色，他們畫面中的形與色，大致上有一個和諧的比例，大概會運用四到六種顏色。

每次看到「線畫型」或「色彩型」孩子，我都會聯想到第二章提到的「視覺型」和「觸覺型」孩子，並進一步觀察他們之間的關連性。

我發現「線畫型」孩子大多能夠（也傾向）精確地描繪出視覺經驗，他們通常對線條、形狀和細節的掌握能力相當好，而「視覺型」孩子差不多也有這樣的特長，並會根據視覺印象來選擇使用顏色，比較客觀、理性地運用顏色。

「觸覺型」孩子特別感性，注重情感的表現，他們通常是根據自己的心情和直覺（一般孩子會概念性或客觀用色）來選用顏色，因此用色常常很主觀、感性而大膽。「色彩型」孩子比較少見，所以當我每次看到孩子畫的圖形都是由各種顏色組成，或聽到家長描述孩子會一直變換顏色，我都會進一步詢問家長這個孩子的特質，結果真的大多是較感性的孩子。

許多社員知道我喜歡研究這些創作上有特殊偏好的孩子，都會紛紛上傳孩子的作品給我看。我的觀察經驗是「線畫型」孩子比較多，「色彩型」孩子相對比較少一點。

色彩型孩子有三個繪畫特色：第一是他們很喜歡在作品中的一段線條裡就換了多種顏色，一般孩子不會那麼「搞剛」用好幾個顏色來畫一條線，而他們卻樂此不疲，覺得這樣很漂亮。第二個特點是他們喜歡在一個圖形裡塗上多種顏色，例如一般孩子會根據不同圓圈塗上不同顏色，但他們可能在一個圓圈裡就塗上三、四種顏色；一般孩子會選一個顏色塗身體，他們畫的身體可能會是五顏六色。第三個特色是他們作畫時先考慮色彩，用色彩來創作，所以往往會先選顏色來畫圖或整片上色塗抹，「圖形輪廓」對他們來說不太重要。所以我們會看到「線畫型」或「綜合型」的孩子會先拿黑筆或其他單色筆畫出圖形，再填入顏色，但他們卻不是這樣創作的——在「色彩型」孩子的世界裡，色彩永遠是最重要的。

羅恩菲爾的研究數據顯示四十七％的孩子是「視覺型」傾向，二十三％是「觸覺型」傾向，其餘三十％則為「綜合型」。我認為和我觀察到的「線畫型」、「色彩型」和「綜合型」比例有相似之處，未來也是很值得研究的領域。

理性與感性

根據我的觀察，現在許多孩子在小學二年級就趨向畫出寫實的圖像，也有畫得很寫實的能力。有許多家長聽到我強調兒童的感性和想像力的重要性，心裡很認同但不免又憂心地問我：「孩子已經習慣看著畫或是趨向寫實的畫風，該怎麼辦呢？需要禁止孩子摹寫、仿畫嗎？」

理性與感性兩者同樣重要，應該要協調、平衡地發展。我一直鼓勵大家重視孩子的感性特質，一是因為感性原本就是小學中年級之前孩子的特色，所以應該讓孩子順應這樣的天性好好發展。二是孩子進入中年級之後，身心發展自然地趨向理性客觀寫實，在接下來的成長過程一直到成人階段，社會價值都比較偏向重視理性、可量化的外在價值，輕忽感性、質化的內在價值，因此我才會主張從小就要讓孩子知道擁有「感性」特質的珍貴性與重要性，尤其從兒童時期就應該順勢好好呵護，最好能多加啟發這項特質，並將這個寶貴特質延續到整個人生。

我接觸孩子的經驗是，極度「視覺型」的孩子很難感性或啟發出濃烈的情感，他們總是非常理性、知性地面對學習、面對人生；極度「觸覺型」的孩子也很難做到理性客觀寫實的描繪，他們總是較憑直覺創作、較感性而充滿濃濃的情感。

古今中外許多傑出人士都具有極端的人格特質及特長，與其努力補強他們較弱的環節，不如盡力支持他們發展原本獨特的人格特質及天賦。當然，我並不是說對於他們較弱的部分就不啟發或不施以教育，而是在我們了解孩子的特性後，應該幫助他們觀看自己的優點，而不是一味地挑剔他們的缺點或弱點，更不應該幫他們貼標籤或讓他們覺得自己很差勁、很沒有用、什麼事都做不好。

我也觀察到有更多孩子是屬於「綜合型」，稍加教導他們理性客觀地觀察與描繪，透過多次的練習後，他們都可以畫得較具象寫實；引導他們多加感受與覺察，他們也都可以在畫作中表現出更多的情感。這也是我們期望透過教育，讓孩子可以兼具理性與感性、想像與寫實的全腦均衡發展。

左腦與右腦

一九六〇年代羅傑・斯佩里（Roger perry）的「裂腦」（Split-brains）實驗研究成功降低了癲癇患者的發作情況，也因此發現了左右半腦的功能或專擅項目不同。這個實驗開啟了人類大腦功能的一系列研究。

早期腦神經醫學研究告訴我們：左腦主要負責知識、理解、分析、思考、邏輯、語言、說話、文字書寫、數字計算、排列等較為「理性」的項目，可稱為理性腦。右腦主要負責直覺、靈感、創造、想像、創新、圖形、空間感、運動、平衡及藝術領域的繪畫、音樂、舞蹈等較為「感性」的項目，可稱為感性腦。

經過五十多年神經醫學的發展，有些專家認為將人分為「左腦型」或「右腦型」是無稽之談。但根據最新醫學界研究，美國神經生物學博士漢寧・貝克（Henning Beck）在《打破大腦偽科學》（*Hirnrissig*）一書中，破除將人分為「左腦型」或「右腦型」簡單二分法的迷思，但他從專業醫學角度也證實左右半腦各有其專精的處理歷程，雖然有些運作會集中在單一半腦，但我們在做事情時都需要左右半腦合力完成，例如語言中樞大都在左腦，主要也由左腦掌控說話，但右腦也負責了說話時音律的部分。

日本醫學博士春山茂雄則在《腦內革命2》中提出一個特殊觀點，他認為左腦是理性腦，它不斷地儲存從出生就吸收進來的情報，累積經驗與知識成為記憶的寶庫。右腦則聚集了過去到現在所有人類數百萬年歷史上遺傳基因層次的資訊消息，人類過去所得到所有最好的生存情報都在右腦，因此他將右腦稱為「祖先腦」。我覺得他這個「祖先腦」的論點與功能，有點類似榮格所說的「集體潛意識」、佛家所謂的第八識「阿賴耶識」（一般認為「阿賴耶識」是在腦內的「松果體」），或神祕學所說的「阿卡西紀錄」，許多人都認為右腦具備了人類難以理解與想像的能力。

有類似觀點的還有「最接近神的男人」之稱的尼古拉・特斯拉（Nikola Tesla），他是科學史上最偉大的天才發明家，他曾自述自己許多發明創造都不用打草稿或畫設計圖，而是腦海中會產生全息影像的畫面，他就直接在大腦中完成設計。他曾說過：「我的大腦在宇宙中只是一個接收器，有一個核心（他自稱是阿卡西紀錄），我們可以從中獲得知識、力量和靈感，雖然我還沒有完全看懂這個核心的祕密，但是我已經知道它的存在。」他並進一步表示：「如果有一天科學家開始研究像阿卡西這樣的非物理現象，那麼未來十年科學的進步將大幅超越過去。」

以特斯拉的觀點，他認為建立在直覺靈感上的發明創造，遠遠勝過傳統科學的邏輯理性研究成果。另一位神級人物伊隆．馬斯克（Elon Musk，據稱是超級英雄鋼鐵人的原型）將特斯拉視為偶像，所以他將自己發明的電動車命名為「特斯拉」做為致敬，而馬斯克現在也正做著同樣如神人般的各項驚人創舉，我相信他也開啟了這股神祕的力量。

春山茂雄在書中提醒人們「右腦」感性、直覺的重要及寶貴性，也提醒大家我們所謂的教育及社會價值觀往往過於重視「左腦」理性邏輯思考的能力。我們大多選擇相信或重視人生幾十年學到的知識及人生經驗，卻不相信或不重視幾百萬年累積的直覺，這個觀點值得我們深思。

醫學專家告訴我們，我們本來就是全腦在運作，要做到更高層次的全腦開發，應該思考如何提升左右腦的資訊連結與交換頻率。日本早稻田商學院教授內田和成在《右腦思考》一書中提出他的經驗，他觀察發現大多數能力好、實力強的成功者，或多或少都擅長運用直覺來做事。他提出「三明治思考模式」，建議我們先利用右腦專擅的情感觀察、感受與直覺來發現問題，再透過理性數據分析、將問題結構化的左腦思考模式來規劃解決方案，最後要再回到以情感和勇氣的右腦思考模式來付諸行動。內田和成的觀點也同樣強調右腦直覺、感受、情感層面的重要性，他也重視左腦與右腦、理性與感性的協調，認為這樣才能發揮潛力，提高效率和創意。

了解了全腦協調發展的重要性，可以幫助我們覺察孩子和自己平時的行事作風和人格特質是否過於偏向某一邊，我們是否過於理性嚴肅實際而失去溫度，或過於感性浪漫幻想而不切實際？這些都很值得我們好好自我覺察及觀察孩子。

U型趨勢

提倡多元智能的學者嘉納（H. Gardner）提出的「U型趨勢」理論，說明了兒童在繪畫創作上的自發性表現（即作品的自在性、生動性和獨特性）在五、六歲的學前時期為最高峰，但隨著年紀增長、生理上逐步邁向寫實趨向，幼兒時期原本天馬行空、充滿想像的原創力將慢慢降低。

幼兒早期的生活可說是完全依靠本能來生存，他們活得相當感性，十足地運用及發揮右腦的功能。幼兒的創作具有獨特的原創性，是屬於右腦直覺、靈感與想像性的創作；藝術家的創作會融合累積數十年的生活經驗和美學涵養，大多是經過思考後再創作，本質上和幼兒直覺式的創作大不相同。

我們都知道在古典音樂方面，莫扎特是一位罕見的曠世天才，他的天賦從小就表現在樂器演奏上，長大後更展現了超出想像的音樂創作才能。有一天知名的作曲家薩里耶利（Antonio Salieri）去找莫札特，莫札特正埋頭創作，薩里耶利拿起莫札特寫好的樂譜，驚訝地發現這樂譜初稿竟然相當乾淨整齊，沒有一處修改的痕跡。一般來說作曲家在創作樂曲初稿時一定會塗塗改改，將樂譜反覆修改得亂糟糟、髒兮兮的，直到滿意了再謄寫到另一張樂譜上。於是薩里耶利驚訝地問莫札特這是初稿嗎，為何他都不用修改？莫札特回答說他的腦海中早已有完整的曲子，他只是把腦海中的旋律轉換成五線譜上的音符並記錄下來！

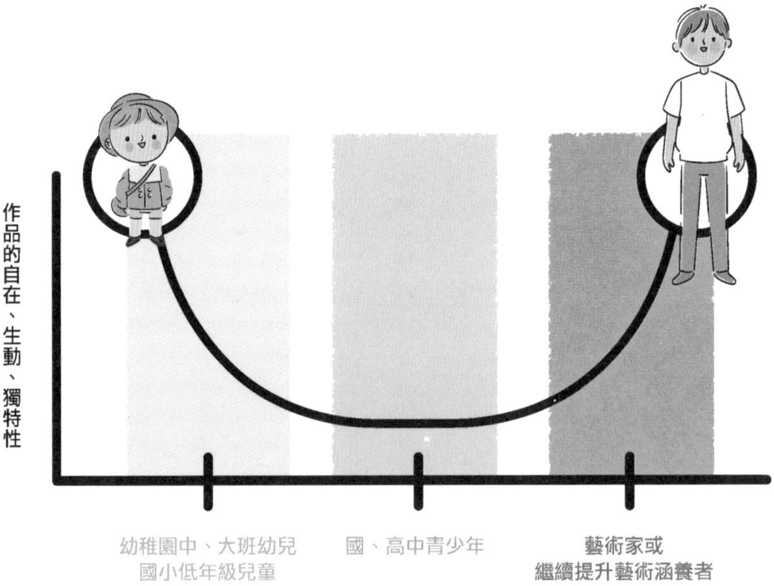

U型趨勢。

許多天才型藝術家也都是直覺性創作，傳世名作反而不是煞費苦心、認真思考後才創造出來。許多傳世的藝術創作，即使過程中也必須經過邏輯思考推衍，但往往是創作過程中那些靈光乍現、天外飛來一筆的靈感使其成為傳奇之作。

然而，在成人的世界中，充滿競爭、注重現實的社會環境，大家更偏重成就高低與金錢物質而忽視了每個人感性內在的價值。直到我們開始意識到內在自我與感性的重要，才開始努力學習擺脫傳統束縛與社會給我們的價值觀，重新找回感性真實的自我，我們也才能重回U型趨勢右端的高峰，重新拾回孩提時代的純真及原創力。所以，請好好呵護孩子最寶貴的感性特質——最可愛的想像力、創造力和感受能力。

雖然我並未進行量化研究，但多年的觀察經驗讓我常覺得線畫型與色彩型、視覺型與觸覺型、理性與感性、左腦與右腦、U型趨勢等似乎有著一種奇妙的關連性，期待自己將來或有興趣的讀者可以對此做更深入研究，相信一定會得到很有趣的研究成果。

皮皮老師的四層看畫法

常有社員問我：

「老師，每次孩子拿畫給我看時，我的回應都好老梗，講來講去都是那幾句，不知道要怎麼回應孩子的畫？」

「老師，孩子拿作品給我看，我其實都不知道要怎麼看？」

「看不懂孩子的畫怎麼辦？」

「孩子的畫要怎麼看、怎麼欣賞呢？」

我能了解孩子喜孜孜地拿著剛完成作品想與我們分享時的心情，孩子很期待我們能看懂他們畫的內容、欣賞他們的努力或是更深入讀懂他們畫出來的圖像意涵。那要如何欣賞孩子的畫、如何讀懂孩子的內心世界，以及可以跟孩子聊什麼呢？

我通常會從孩子的身心發展與繪畫表現是否一致、孩子的內心世界是否健康快樂，以及了解孩子的天賦特質來看畫，最後更進一步透過對話與孩子或家長啟發和連結。所以面對孩子的創作或完成作品，我習慣依據下面四個層次來觀察，並逐步深入了解孩子的內心：

1 孩子的畫是否符合年齡發展？

觀察指標 與發展階段有沒有落差？

第二章所述的「兒童繪畫發展階段」雖然不是絕對性，但具有常態發展上的比較參考價值。所以在看到孩子的作品時，我會先了解孩子在創作這張作品時的年紀多大，觀察孩子的作品是自己創作的還是經過大人指導的，並觀察這樣的繪畫表現和其他孩子的發展是否明顯超前或落後。

我同時也會詢問家長孩子平時是否經常畫畫，因為孩子的繪畫表現除了跟認知、智力發展有關，跟孩子平時是否經常畫畫往往有更大的關係。受過傷不畫畫和對畫畫沒有太大興趣的孩子，繪畫表現會陷入停滯或進步得很慢，但那不代表他們的認知或智力發展得不好，因此孩子的繪畫表現若與同年齡孩子有落差，其實有許多原因和可能性。

核對原因

孩子的繪畫表現若明顯比同年齡孩子超齡，通常是平時愛畫畫、很常畫畫的孩子，有些則是孩子經過學畫或大人刻意的教導，而畫出較成熟的畫風，或是能畫出較多的內容，但通常這兩種類型的孩子畫出來的內容還是看得出來不大一樣。

自發性常畫畫、愛畫畫的孩子大多有自己喜歡的特定主題，所以經常畫，畫出來的線條穩定有力且充滿自信，畫出來的線條圖形和空間配置也會比較自然、充滿童稚，較少寫實的表現形式或成人的影子。大人指導過的兒童作品，則會帶有一些不像兒童自然發展出來的畫風或是繪畫表現，但這部分明不明顯就要看指導者本身對於教導（引導）兒童畫的認知和方式而定。

看到畫出來的內容明顯落後於同年齡的孩子，我會先詢問家長孩子平時在家是否經常畫畫？沒有經常畫畫的原因是什麼？是否曾在繪畫之路上受過傷？以我的經驗來說，較常見的情況是看到大班孩子畫的圖像還很像小班或中班的程度，畫得較簡單、較制式或變化性較小，我詢問家長後得到的答案通常是：很少畫、沒有在畫畫、比較喜歡玩積木（或玩具、手機）、孩子畫一下就不畫了。

孩子為什麼不愛畫畫一定有原因，只是我們有沒有去找出來，並協助孩子改善情況而已。

引導方向

幼稚園小班、中班孩子不愛畫畫其實是很常見的現象，幼兒在三、四歲時剛從「命名塗鴉」階段發展為「前圖式期」，因此還只會畫簡單的點、線、圓形及簡單的變形或組合，想要畫出較複雜或較寫實的圖像，孩子便會自覺畫不出來而感到挫折，這是中班孩子常說「我不會畫」的主因。更甚者，此時孩子若被別人批評畫得不像、畫得很醜、畫得不對，畫得不好、不知道在畫什麼、顏色用錯了……等，便會打擊孩子對於畫畫的信心和興趣，導致孩子變得不想畫畫、討厭畫畫，繪畫能力也會因此停滯下來並落入惡性循環。

因此大人若發現孩子的繪畫表現明顯落後於同年齡孩子，或是孩子經常表示不喜歡畫畫、討厭畫畫，那麼我會建議找出讓孩子受傷的源頭，什麼人說了什麼話？給予了孩子什麼觀念或批判讓孩子卡住了。我們要破除孩子被根植的這些錯誤觀點，並多給予支持和鼓勵，讓孩子重拾信心和興趣，願意繼續畫畫或喜歡上畫畫。而若孩子繪畫表現的落後是屬於生理或病理性原因，就需要藉助專業醫師的診斷與協助。

對話法

幼稚園階段的孩子不愛畫畫的情況其實相當普遍，有些孩子天生就對畫畫不大感興趣，其他領域更吸引他們或讓他們覺得更有成就感。許多3C產品、卡通影片及各式玩具也佔據了孩子的時間，讓他們不會特別想去畫畫。但更多孩子不愛畫畫是因為心理因素。許多孩子被外界給予了「要畫得像才厲害」的觀念，導致孩子自覺畫得不具體、畫得不像而感到挫折、不愛畫畫，這是孩子害怕畫畫的最主要原因。許多父母感到相當困擾，表示不知道怎們讓不愛畫畫的孩子願意再拿起筆來畫畫，以下分享我平時怎麼跟「覺得畫不好、畫不像所以不愛畫畫」孩子的對話：

我：「你不喜歡畫畫呀，你是不知道要畫什麼？還是想畫但畫不出來？還是怕畫得不像呢？」（我會先核對孩子的認知或想法）

孩子：「我不會畫……」

我：「你是說你不會畫什麼？」（針對孩子的回答進一步釐清）

孩子：「我不會畫大象……我畫得一點都不像大象。」

我：「那你覺得怎樣才算會畫大象？要畫得像才是好的畫畫嗎？你希望要跟圖片的畫得一樣嗎？」（提出問題讓孩子覺察自己在畫畫上的認知）

孩子：「我想要畫得跟圖片一樣。我覺得畫得不像，這樣很醜！」

我：「哦！你覺得要畫得跟圖片一樣才厲害嗎？有誰跟你說要畫得像才是好的、漂亮的嗎？這樣的想法是哪裡來的呢？」（藉由老師的疑惑和質疑，嘗試動搖孩子的認知，並引導孩子去思考問題）

孩子：「我們學校老師（或爸媽、其他家人）說的。哥哥也說我畫得不像。」

我：「這樣啊，但老師沒有覺得畫得像很重要耶！畫得像真的比較厲害嗎？一定只能這樣畫，不能自己想像嗎？」（再次試圖動搖孩子的認知）

孩子：「可是阿嬤說要畫像一點。我也覺得老師比較會畫……」

當孩子曾經受過傷、聽過批評，要改變他的觀念不是那麼容易，通常需要經過一番激盪，思考沈澱後才能接受新的觀念，因此我會很有耐心地和孩子對話，慢慢和孩子討論對於「畫畫要不要畫得像」的看法。我會不斷跟孩子分享我的觀點，讓孩子鬆動自己原本的認知，從而建立新的觀念。孩子聽了我們的說法不一定會馬上接受，但我會在不同時機不斷重複這些觀點，引導孩子去思考更多的可能性，並鼓勵讚美孩子的努力與轉變，慢慢地孩子就會產生自己的新觀點了，而我會希望孩子的新觀點是結合自己新的創作經驗，是自主的相信，是自己從內心發展出來的信念和生命能量。

「老師比較想看到你把自己的想法畫出來，而不是看你模仿畫出來的圖畫哦。」

「你知道嗎？畫得像並不是畫畫最好的標準，你看老師都沒有教你們要畫得像，對嗎？」

「自從照相機發明之後，畫得像已經不是最重要的了！每個人畫出自己圖像、畫出自己獨特的內容才是最重要的！」

「用妳會畫的方式或圖形來畫就很棒了！」

「你看這些繪本的畫家叔叔阿姨，他們都可以畫得很像，但卻都學習你們兒童畫得這樣可愛的圖像，而你們卻一直要學大人，好奇怪喔！」

「你知道許多很有名、很厲害的畫家或藝術家，都不是因為畫得像而有名嗎？」

「你知道有名的畫家畢卡索嗎？他覺得他女兒畫得比他好耶！他說他都畫不出像他女兒那樣純真自然的圖畫耶！」

「你的圖畫你自己決定哦！因為那是你的作品。你不用管別人怎麼想、怎麼批評，包括我。」

若孩子不愛畫畫是因為過去曾被笑、被批評「畫不好、畫得不像」，以下分享面對這些受傷的孩子，我是怎麼引導他們的：

我：「你不喜歡畫畫是因為之前有人笑你，或有人說你畫不好嗎？」（核對孩子是否有受傷經驗，並請孩子說出來。）

孩子：「對，我姊姊說我畫得很醜。老師還說小莉畫得比較好，把她的作品貼出來，要我們畫成那樣。她好厲害喔！我都沒辦法畫成那樣……」

我：「那姊姊、老師這麼說，你聽了有什麼感覺？別人說你畫得不像讓你很難過嗎？會讓你不想畫畫嗎？」（核對孩子的感受）

孩子：「覺得我真的畫得不好，不是很喜歡畫畫……」

我：「你覺得他們說的是對的嗎？你也覺得自己畫得不好嗎？」（讓孩子覺察自己的認知，並試圖動搖孩子的認知）

孩子：「嗯……」

我：「但老師不這麼認為耶，老師覺得你畫得很好啊，你知道為什麼嗎？」（用反問引起孩子的好奇，進一步思考自己認知的正確性，此時說話的態度要是真誠的）

孩子：「……為什麼？」

我：「或許有些人覺得畫得像很重要，或是覺得畫得像才是美，但皮皮老師認為你們現階段最重要的是畫出你能畫的、畫你想畫的生活經驗和想像，不用管像不像，不用在乎要跟圖片畫得一樣、也不要跟別人畫得一樣！」（我會用很真誠的態度、平穩的語氣跟孩子說這段話）

後面則可以繼續跟孩子說明前面提到的一些觀念，重置孩子的觀點與認知，給予孩子支持與鼓勵，並重建孩子的信心與興趣。而要幫助孩子重建信心和興趣，我會引導孩子做他現階段能力做得到的事、畫得出來的圖案，並讓他們知道畫這些簡單的生活圖像，就是最棒的創作：

- 「你用圓圈和線條來畫就可以了！」、「你喜歡什麼圓形的水果？」、「你會畫下雨嗎？」、「我們來畫吹泡泡好嗎？」、「你可以畫出十顆黃豆、十顆綠豆、十顆紅豆和十顆黑豆嗎？」

↓引導孩子用他能畫的點、線、圓圈的元素來創作，增加線畫練習的機會並建立信心

- 「老師很喜歡你這樣畫出來的圖案，雖然很簡單但很自然，這是很棒的作品喔！你可以多畫一些給老師看嗎？」

↓讓孩子了解不用畫得像、不用畫得很複雜，並給予孩子更多的信心

實際案例

下圖是一個不大會主動畫畫的五歲孩子，我透過簡單對話引導他畫出來的內容：

「你平常喜歡什麼呢？可以畫給老師看嗎？」（孩子原本不想畫畫，但我刻意詢問他感興趣的議題，提高他創作的興致。）

「救援小隊。」

「很好啊，那你有辦法畫出一臺救援直昇機嗎？」（我刻意提出一個挑戰。）

「好！但……我不大會畫……」孩子有點沒有信心地說。

「救援直昇機是長得像飛機這樣長長的嗎？」（我刻意回答錯誤，引導孩子有自信地教我。）

「不是，是前面圓圓的。」孩子笑笑地回答。

「這樣啊，那你可以先畫出前面圓圓的部分給我看嗎？」（我刻意引導孩子畫圓。）

「可以，前面是長這樣的……」孩子嘗試畫出救援直昇機圓形的部分。

「喔！那它是怎麼飛起來的呢？」（我裝傻地繼續問。）

「它有螺旋槳啊！」孩子此時眼睛發亮，並專心地畫出直昇機上方的螺懸槳。

「我懂了，它是用螺旋槳飛起來的，那它是怎麼救援呢？會用什麼工具救援？」（我繼續裝傻並詢問孩子。）

「救援繩索和救援梯子啊，你不知道嗎？」

「是喔，長什麼樣子？從哪裡垂吊下來的呢？那你畫給我看看。」（我繼續裝傻中，這過程我一直努力幫助孩子在腦海中形成更鮮明的圖像。）

「就是長這樣啊，你看！」孩子畫出救援繩索。

「救援直昇機只有圓形的部分嗎？後面有什麼嗎？」（我引導孩子延伸出其他內容。）

「它後面還有一個長長的尾巴！」孩子原本已經放下筆，此時又拿起不同顏色的筆畫出直昇機後面的部分。

後面我引導孩子畫出另一架救援飛機，並引導他畫出駕駛人員。在這十分鐘過程中，孩子很專注投入在畫著他的「救援小隊」，已經忘記當初說「不會畫」的問題了，孩子畫完後也很開心地表示很喜歡自己畫出來的救援小隊！而我，其實只是問了他幾個問題，並沒有教他該怎麼畫，也沒有告訴他該畫什麼，一切都是孩子自己完成的。

不太會畫畫的五歲男孩，經過引導後完成的救援直昇機和救援飛機圖。（賴恩提供）

2 孩子的內心現在重視什麼？

觀察指標

孩子畫了什麼？畫面重心是什麼？

孩子畫出什麼，就代表心理裝了什麼。越是孩子自發性的創作，例如在家隨意畫的作品，就越能從內容知道孩子心裡想的是什麼、重視的是什麼。孩子上畫畫課的作品，除非是素描寫生這類技法練習作品，不然即使是被限定主題的半自由創作，孩子的一些內心想法依然會投射在作品中。

孩子總是畫家人、畫汽車、畫城堡或戰鬥機，我們就知道孩子內心的重心或興趣在哪裡。若孩子突然轉變去畫寶可夢、畫鬼滅之刃，或畫寫實的事物，我們就知道孩子可能受到環境的影響，內心世界有了一些變化。

所以看孩子作品時，我會先看孩子畫面裡出現了什麼內容？畫面中有哪些是較沒有太大意義的概念畫？例如天空的雲和太陽、花草樹木等，這些大多是孩子為了填版面而畫出來的內容，多屬於概念畫。畫面中有哪些是獨特、有意義的圖像？有哪些內容是最近才出現或一直以來都固定會畫出來的？由此去判讀孩子的內心世界裡，從以前到現在都裝了什麼、有什麼改變。

接著我會觀看畫面中間畫的是什麼，孩子通常會在畫面中間擺放較重要的人事物，當然有時最重要的也不一定會放在中間，所以我會搭配尋找畫面中畫得最大（或相對比較大）的人事物是什麼？畫面中細節描繪得最詳細、孩子花最多時間精力畫的圖像又是什麼？這些都代表孩子目前心中最重要、最感興趣的內容。

再來我會拉遠來看，整個畫面中哪部分或哪個區塊是孩子著墨較多、花較多心力去描繪的？這些都可以讓我們了解孩子目前心中最重要、最重視的是什麼。

核對原因

了解孩子目前心中最重要的人事物之後，我會進一步思考這些內容是否吻合孩子目前的身心發展？內容是否恰當？例如三至五歲的幼兒較常畫家人，因為此時孩子的生活重心是家庭生活，所以畫家人是正常且健康的內容。而上了幼稚園的五、六歲幼兒，逐漸受到學校老師和同學影響，會開始畫出以前不會出現的內容，例如在學校學到的知識或是同學近期感興趣的活動，卡通漫畫的劇情通常也會在這時期明顯地出現在孩子的口語和圖畫中。此時影片的選擇就會變得非常重要，這些時下流行文化會日漸影響孩子的人格和認知發展，從孩子的畫作就可以了解孩子最近接收到什麼訊息，並且內化到心裡。

如果小學中、低年級孩子還經常畫出家人，尤其畫的都是較正向的互動情況，那麼可以看得出來孩子跟家人關係是相當良好的，家人、家庭生活依然在孩子心中佔著很重要的位置。孩子如果經常畫出槍砲武器或打鬥的畫面，那麼就要多關心孩子的個性和人格發展，留意孩子平時閱讀的書籍、觀看的影片，或是和父母、家人、同學的互動情況。孩子若變得很喜歡仿畫、對寫實描繪突然展現了極大的興趣，那麼也需要觀察一下孩子是自發的興趣還是受了別人的影響。

引導方向

一般而言，小學低年級的孩子較常畫出生活經驗、閱讀過的繪本故事以及卡通漫畫人物。中年級孩子畫的內容會趨向知性寫實的描繪與摹寫，他們依然喜歡仿畫卡通漫畫人物，也能增加許多自己設計的故事情節。至於高年級孩子，除了部分孩子對繪畫一直保有信心和興趣外，基本上大部分孩子已經不大畫畫了。擅畫者會更喜歡追求素描水彩一類的寫實技法表現、自編更多卡通漫畫的延伸人物或劇情，或是進行更多元形式的美術創作。

孩子繪畫或創作內容，基本上符合兒童身心發展或是自己生活經驗、感受、想像的描繪，我都不會干涉或限制，大多會尊重孩子的喜好和選擇。但如果孩子描繪出過度消極灰暗、血腥暴力、打鬥戰爭或是色情等不當內容，那必然其來有自，務必要深入了解並導引孩子到較良善的面向。而如果遭受到大人過度的指導或批判，超出孩子自然的身心發展或造成心理傷害，那麼我也會與孩子和父母多做溝通，幫助孩子回到原本較自然健康的繪畫發展上。

3 孩子的內心健康快樂嗎？

了解孩子心裡重視什麼之後，我會更進一步關心孩子的內心世界健康快樂嗎？

我觀看時包含畫面整體和畫作細部。整體的觀看我會感受孩子運用的色彩給我的感覺及畫作中孩子的生命能量狀態，細部觀看則是看畫作裡有出現什麼正向或負向訊號的圖案。

觀察指標1

孩子的用色傾向

兒童通常會使用原色或明亮的顏色，因為這符合他們的天性和生命能量。一般內心健康快樂的孩子較會使用明亮的色彩，例如溫暖有能量的黃色、橘色、紅色；較理性、平靜的藍色系：較具協調性、健康意涵的綠色；以及浪漫溫柔的粉紅色和淺紫色。當孩子畫面中出現這些明亮而令人喜悅的色彩時，代表孩子內心會像這些顏色一樣明亮、健康、自然。

大部分孩子天生不喜歡使用混濁或多次混色的顏色。一些例外情況是，幼兒常因為不了解混色原理，而將多種顏色混在一起變成混濁晦暗的黑灰色，孩子見狀常會由錯愕轉為失望沮喪，因為他們原本以為將多種美麗的色彩混在一起後，會變成如彩虹般多樣的美麗顏色，但事實卻並非如此。又或者孩子是經過大人刻意的「混色指導」，學到可以混合極少量的黑色，藉此調出較有質感的濁色系色調。

當孩子的內心真的與某些濁色調或暗色調相應時，才會使用這些較不明亮的顏色。當孩子喜歡使用不明亮的顏色時，內心的確可能潛藏著一絲不明朗，需要特別留意孩子平時的內心情緒和行為表現。

觀察指標2
畫作裡有沒有出現負面訊號？

看完顏色，我會進一步尋找孩子畫的人物圖像有沒有出現正向或負向的訊號。一般較容易尋找的正向訊號是孩子畫中的人物有沒有笑臉，自己或他人的情緒表情都有孩子的心理投射。由於圖式期之前的孩子都有「擬人化」的繪畫特色，因此畫面中的所有圖像都可能被孩子賦予情緒表情，將自己的心情或情感投射進去，所以畫面中圖像有沒有笑臉，是判別孩子內心是否快樂的一項重要訊號。

接著我會看孩子畫的內容多寡。孩子畫的內容越多，代表孩子有越強烈的繪畫動機與想法，較健康的孩子會展現出較旺盛的企圖心和生命力。孩子畫的內容較少，有可能是年紀較小、較少畫畫或是較沒有想法的孩子，內心較不快樂、較缺乏自信的孩子通常也較缺乏動力，因此畫面就會畫得較為稀疏或是畫出較少細節。

如果可以，觀察孩子在創作時的神情是充滿喜悅、自信，還是滿臉憂愁、苦惱、焦慮不安。這些也都是孩子透過繪畫創作傳遞給我們的重要訊息。

在孩子的繪畫之路上，較需要特別注意的是常說「不知道畫什麼、不會畫、討厭畫畫」

的孩子，這些孩子通常曾受過傷。只要透過大人的協助，絕對可以幫助孩子重拾繪畫的信心和興致，並重建積極正向的健康心理。而負向的訊號我會特別重視畫得特別小（沒自信）；塗黑（焦慮）；沒畫出手、腳、眼珠、嘴巴、門、窗戶等（自覺缺乏能力、自我封閉）；畫面稀疏、遠離（有疏離感或孤獨感），以及缺乏生命能量的畫法。詳細可參考第二章的說明。

核對原因

當孩子自主地選用混濁晦暗的黑灰色、深色系時，通常也代表著內心可能有焦慮、壓力、抑鬱、退縮等負面情緒。此時我會先了解孩子這樣的用色是經常出現還是偶爾出現？最近才出現，還是已出現一段時日？何時開始出現？並且最好能拿孩子以前的作品來比對，了解孩子出現轉變時作品前後的差異？了解轉變期是否有發生什麼事情導致孩子內心有如此的改變。

其次，我們在孩子畫裡看到一些似乎不大健康快樂的負向訊號時，請先不用緊張或過度放大。我建議先思考繪畫心理學中這些負向訊號的心理意涵與孩子近期的思想、行為或情緒表現是否吻合，或是回想孩子近期有什麼改變，再檢視大人的教養上是否有失當之處，將這些項目一一思索過後整理出脈絡，再以溫和的態度、關心的口吻跟孩子核對。藉由彼此溝通後的調整，幫助孩子重建健康快樂的心理。

引導方向

當我發現內心健康快樂、生命能量強大的孩子，我會告訴他們的父母，讓他們知道孩子目前活得很好或是繪畫發展上看起來很健康。因為孩子活得健康快樂，有賴於父母在教養上努力的付出以及給予了孩子適當的尊重與啟發。因此我會讓父母了解目前我觀察到的孩子發展情況，以及告訴他們哪些教養做法對孩子是有所幫助的。

但如果孩子看起來似乎有狀況，最重要是先找出造成問題的根源，然後一方面解決問題的根源，另一方面趕緊做補救或療癒的工作。孩子的問題根源通常不是來自家庭就是來自學校，所以先去檢視父母或老師的哪些管教方式或教養觀念對孩子造成了影響，或是家裡兄弟姐妹、其他家人、學校同學曾對孩子說了什麼話或做了什麼事傷害到了孩子，務必找出來並改善這個情況，這是治本的做法。

站在老師的立場，我建議從「繪畫創作」和「心理建設」兩方面來幫助孩子。有一個藝術治療學派的觀點是「藝術即治療」，孩子在畫畫或進行藝術創作的過程中，即能從中得到釋放抒壓或覺察問題本身，因此鼓勵孩子多畫畫、多從事藝術活動可以得到部分改善。

當孩子用了晦暗的顏色或畫得很小，我會鼓勵孩子多使用明亮的顏色和畫大一點來平衡或互補內在心理；孩子畫的圖像缺乏生機，我會請孩子為其注入能量，或是請孩子畫出一顆充滿能量的太陽照亮自己（必要時我會畫一個送給他）；孩子畫出哭泣的表情，我會讓孩子盡情地畫，以充分宣洩自己的情緒，讓心理得到滿足。但我更常做的是透過對話引導孩子說出問題、釐清自己的認知觀點，並試著去發現更多的可能性！我也會鼓勵、讚美孩子，幫他注入一股能量和希望，為孩子做一些他需要的心理建設。

鼓勵孩子說出自己的感受並專心地聆聽，通常問題就解決一大半。大部分內心不大健康快樂的孩子，都是內心缺乏關注、缺乏愛與支持。往這方面調整與努力，通常孩子都能很快恢復健康、快樂的心靈。

4 孩子擁有什麼特質和天賦？

從前面各點觀察到這裡，我會開始注意孩子畫出來的圖案和線條品質，呈現出孩子怎樣的個性或人格特質。

孩子畫的圖案、畫面的構圖、畫圖的速度、形色的表現等，都透露著孩子的個性和人格特質。但每個人的個性或人格特質很難用二分法來界定好與壞，個性急躁的人，其實也可能表示他是有活力、有行動力、急公好義或劍及履及的人；行事溫和、慢條斯理的人，也可能過於優柔寡斷或缺乏主見。因此我們首先要了解人格特質就是一種人格特質，可以說成孩子的缺點，卻也可以說是孩子的強項或優點，重點是父母和孩子是否能夠客觀地覺察到這點，認同並活用每個人的個性或人格特質。

觀察指標1 孩子畫的線條品質和細緻程度

線條品質指的是孩子單獨畫出或組合成圖形的線條，大多是粗細一致或是前粗後細。線條粗細一致的孩子，性情通常比較穩定，自我克制力比較好。而前粗後細的孩子雖然較有活力衝勁，但容易有虎頭蛇尾、三分鐘熱度的性格。

孩子畫出來的線條予人的感覺是平穩還是急躁、認真還是隨便？線條是堅毅、肯定、有力，還是猶豫、虛弱、不確定？孩子畫的圖形是寫意簡略，還是都會用心細膩描繪？這些都反映出孩子的情緒、能力和性格。

觀察指標2
孩子的創意表現程度

通常內向、乖巧聽話、安分守己、遵守規則的孩子會畫出較中規中矩的圖案，也較常出現與大家普遍一致的「概念畫」圖案，較不會有大膽的想像與創新。從眾與一致也帶給他們安全感，這類型孩子因為比較乖巧聽話，通常被視為「乖孩子」、「好學生」，但在繪畫表現上通常比較缺乏主見或畫得較中規中矩，我常常會引導他們更大膽地想像，或是做些更具突破性的繪畫表現。

而較活潑外向、個性大辣辣或喜歡標新立異、與眾不同、具有獨特創見想法的孩子，則常會畫出活潑大膽、充滿獨特創意的圖像或故事情節。他們有些被視為較調皮搗蛋的孩子，常有天馬行空的怪異想法或常被大人責罵整天想一些有的沒的，但他們可能是較具創造力、行動力、執行力與領導力的孩子，我通常會告訴孩子敢（或能）這樣大膽的想像是很棒的，讓孩子知道擁有這樣的特質是難能可貴的！

觀察指標3
孩子是線畫型、色彩型或綜合型？

除了從孩子的畫作觀看孩子的個性和人格特質，我也會觀察孩子表現得特別好的地方。例如有些孩子極度傾向「線畫型」或「視覺型」或是極度傾向「色彩型」或「觸覺型」，這些類型的孩子專長和天賦與一般「綜合型」孩子有所不同。

有些家長會將孩子的這些特質視為「缺點」或「問題」，例如家長常跟我抱怨孩子只愛塗顏色或一直畫同一個主題，喜歡的主題才畫，其他沒興趣的都不畫、不塗色，真傷腦筋；或是說孩子一直玩顏色、一直塗一些塊狀色彩而畫不出什麼具體的圖形，送去學畫也還是都畫得不像，乾脆讓他在家自己亂畫。

這些孩子能畫出超豐富的想像故事劇情，各種不同款式汽車、飛機、戰車超細膩的細節或功能，複雜無比的迷宮。又或者可以畫出充滿絢爛色彩的繽紛世界、抽象而造型獨特的幾何色塊，或是畫出充滿情感的情意流動。這些表現都比一般孩子來的強烈而獨特，但大多時候這些孩子不見得會被認同或被欣賞，尤其這樣的創作表現常會被批評「作品不完整」，去參加繪畫比賽往往也不會得獎，但這些作品在我眼裡都是相當優異的創作表現。

兒童畫的重點是讓孩子自由地創作、開心地表現情意和想像，並讓孩子從繪畫創作中得以自然發展。家長若非為了讓孩子比賽得獎的目的，或是認為孩子要畫得更像才算是有進步的觀點與期待，不然孩子出現這些特別的創作偏好，其實都不用過於緊張與擔憂。在繪畫上讓孩子開心地做自己，滿足他們的喜好和需求，每次創作都開開心心的不是最重要的嗎？想想如果我們喜歡畫水墨或水彩，別人卻一直要求我們要多嘗試畫畫粉彩或油畫；我們喜歡隨筆塗鴉記錄心情，別人卻建議我們要認真地畫好畫滿，我們會開心嗎？我們又會怎麼回應對方呢？

引導方式

一般來說，小學二年級以下的孩子，我比較鼓勵孩子憑記憶、想像來畫自己的生活經驗或看過的圖片。父母、老師可以先觀察孩子是否比較偏向「視覺型／線畫型」或「觸覺型／色彩型」？先了解孩子的特質、專長與偏好是什麼。

偏向視覺型／線畫型的孩子，我還會觀察孩子是極度（天生）的視覺型，還是只是被導向寫實的綜合型孩子。如果是極度（天生）視覺型／線畫型孩子，我會提供更多圖片引導他們做更仔細地觀察，有時還會允許他們看著畫，因為這是他們的需求和擅長的創作形式，而他們也從沒有讓我失望過，總是能創作出更為豐富細膩的內容，當然我也會提醒他們在發展寫實技法或致力於畫得像的同時，也不要忽略了想像、感受和情意的部分，請他們也把這些融入自己的創作中。

觸覺型／色彩型孩子我會讓他們盡情地享受美術創作的樂趣，引導完我會特別跟他們說明可以自由地運用自己喜歡的方式、喜歡的上色工具和顏色來創作，不要擔心畫得不像或比例正不正確的問題，老師喜歡他們的表現方式（獨特性），多肯定他們並帶他們欣賞自己創作或人格特質的優點。

有些孩子構圖特別嚴謹，有些特別大膽；有些孩子描繪特別細膩，有些特別寫意隨性；有些孩子畫工細膩、寫實逼真，有些孩子的作品充滿童稚趣味、純真而自然。大人要先懂得欣賞孩子的特質，肯定孩子的專長與天賦，孩子才更懂得肯定自我價值與欣賞自己的天賦，也會更有信心發展自己的天賦特質。

有許多特質像天平的兩端，很多人會偏向一端，但也有不少孩子可以將兩者調和得很好，如兼具理性與感性、視覺傾向與觸覺傾向、守規矩但又能保有自己獨特的想法，活潑創意而又能沉靜細膩。這當中很大的關鍵仰賴於父母、老師對於孩子個性特質的尊重、欣賞與啟發。即使孩子有偏向某方面的特質，父母老師應該予以尊重與欣賞，更應該帶領孩子觀看並面對自己的特質與天賦，我們要揚長避短而非全面的否定。相信孩子在更了解自我並能好好發揮特長後，孩子會更有自我價值感，也會走出自己獨特而精彩的人生道路。

聊出正向特質的聊畫法

跟孩子聊畫，可以很單純地只是跟孩子聊天。這樣的聊天過程父母可以很放鬆，不用想太多也不要帶著太多的觀點與期待，不要批判而只要多給予孩子鼓勵與肯定，聊畫就會成為一個輕鬆愉快的親子共賞時光。

聊畫也可以帶著教育目的，帶著我們的觀點和期待。我們可以從聊畫過程幫孩子建立信心、陶冶性情、培養興趣；也可以提升孩子的專注力、啟發孩子創意、教導孩子媒材技巧或培養孩子美學涵養。一般正常情況，父母或老師與孩子聊畫時都帶著教育目的，帶著我們大人的觀點和期待，希望把孩子引導到我們理想的目標去。

大人的觀點與態度如果是尊重孩子、給予孩子自由發展的空間，那麼孩子可以開心地做自己、畫自己的圖像、發展出自己的風格；如果大人總帶著批判，意圖強加自己的審美觀、價值觀來指導孩子，往往會讓孩子轉變原本的觀念、畫法來迎合大人，大多數孩子會因此感到困惑和挫折，大人過度、過多或過於急躁的指導也經常會變成揠苗助長的反教育，反而讓孩子失去畫畫的信心和興趣。

所以父母如果不知道怎麼跟孩子聊畫，可以採取第一種單純輕鬆的聊畫方式，引導孩子多多分享自己的心情、感受或想法，大人只要專心聆聽，給予孩子支持、鼓勵與讚美就是最棒的聊畫。

如果想引導孩子更有方向性地發展，我通常會從以下五個教育目標出發來導引孩子：

1 守護孩子的感性特質

孩子最寶貴的特質就是非常感性，蒙特梭利認為幼兒透過感官接收訊息，內在的感受稱為「精神胚胎」，這個精神力主導了孩子的一切行為，因此蒙式教學特別重視幼兒的感官教育。齊澤克長期觀察孩子的創作也認為孩子擁有比成人更敏銳的感受力。

孩子開心時會尖叫、難過時會大哭、生氣時會大吵大鬧；聽到好聽、好笑的故事會開懷大笑，興奮地抱著你要求再說一次；他們年紀雖小，但可以敏銳地感受到爸媽此刻的情緒；他們對世界充滿好奇，感受到一切美好，所以總喜歡出去玩，他們活得多真實！

兒童畫最大特點是「畫其所感，而非畫其所視」，孩子畫的是他們的感覺、感受與感知，而不是理性客觀的視覺經驗。孩子在自然情況下畫的是自己有感覺的生活經驗、自己的想像和情意部分，他們不會主動想去做靜物寫生、摹寫練習。孩子在幼兒時期就是活得這麼自我、這麼感性、這麼有感受力。

而「感性」特質為什麼非常寶貴呢？因為感性特質讓孩子較柔軟、較體貼、較具同理心、較能體察內在、較能與人連結。有些人天生較理性，有些人較感性。在成長及社會化過程中，感性特質雖然不會消失，但為了配合別人或外界社會環境，我們可能將其壓抑到潛意識裡，或選擇隱藏這樣的特質與資源。

世界的進步，其實很仰賴想像、發明創造、藝術的啟迪等「感性」層面，但這些內在心理的運作很難量化，也讓我們難以衡量出它的「價值」。只有少數發明、設計或藝術品在賣出明確的天價金額時，我們才願意承認它是有價值的。整個社會價值觀常常是偏向於理性價值勝於感性價值，物質生活重於精神生活。所以大人總是比較重視學業成績或能具體量化的成就表現，也重視知識的記憶背誦、理解分析、邏輯思考、口語表達、文字書寫、數理計算等「理性」方面的能力，因為這些看起來比較有價值、有競爭力，有這些能力的人比較厲害，將來也會比較有成就！

這樣的普世價值觀影響了我們對孩子的教育觀，我們努力讓孩子補習、進行填鴨教育、學各項才藝，希望孩子不要輸在起跑點！我們也教導孩子要收起他們的天真、愛幻想的心，老實地面對現實的世界，認真努力去學習。於是我們教導孩子上課要乖乖坐好安靜聽話，不能隨意走動講話；與人相處不能什麼事都只想到自己，也不能想做什麼就做什麼，要多考慮別人的感受；畫畫不要隨意亂畫，要好好學習畫得很像、要把畫面畫好畫滿……。

慢慢地，孩子為了配合外在環境而失去了內在自我。孩子學會壓抑忽略自己內心真實的感受，不能（最好不要）表達出來。因為孩子發現當他們說出內心真實感受、展現真正的自我時，若不符合大人或社會的觀點與期待，便會受到責備、訕笑或甚至打罵處罰。若孩子說出自己的想法，得到的可能是大人的一番大道理訓誡，或是理性的分析建議，久而久之，孩子就選擇沉默不說，學會要收斂自己外放的性格而不願講出內心真實的感受、不願敞開心扉說出心裡話，孩子慢慢也變得不敢感受、不去感受，或壓抑忽略自己的感受了。

經歷過一、二十年社會歷練，大約在三十五到四十五歲左右的年紀，我們會開始思考自己人生的價值和意義是什麼？我們會想重新找回自我，找回原本的自我，因此逐漸會想斷捨離、提升精神層面和嘗試做內在心靈的探尋。我們又重新了解到「感性」的價值，想做回有「感覺」、有「感受」的自己。

我們花了幾十年繞了一圈，才發現最難擁有的是孩提時代的赤子之心，這寶貴的特質也是嘉納提出「U型趨勢」的兩端，那麼我們是否該告訴孩子這感性特質的寶貴，而不是沒有知覺地要求孩子、訓練孩子變成一個超理智的大人？

因此我們真的應該好好教導孩子感受的寶貴與重要性，也要讓孩子重視內在自我價值。

孩子在畫畫或創作時，我會特別引導孩子去「感受」、去覺察「感受」或觀看內在自我，並讓他們好好呵護這些寶貴特質。所以我常會這樣引導孩子：

「你的感覺是什麼呢？」、「那時你感覺到什麼嗎？」、「你想要什麼呢？」、「這是你要的嗎？」

「你覺得這些動物們喜歡嗎？」、「牠是開心還是難過呢？所以牠會有什麼表情動作呢？」、「你覺得牠心裡在想什麼？」、「牠為什麼會這樣想呢？」、「你想跟牠說什麼嗎？」

「躺在草地上是什麼感覺呢？你可以說說看或畫出來嗎？」

「你生氣時，身體有什麼感覺？有哪裡不一樣嗎？」

「如果不要考慮別人，你想要什麼呢？」、「你內心真正期望的是媽媽對你說什麼呢？」

這樣的引導傳遞給孩子的是邀請他們多去覺察自己內心的感受、自己的心。而不是只將重點放在畫得像不像、畫的技法如何或是一些沒有太多情感的概念畫。我們跟孩子聊畫的內容，指引了孩子觀看或重視的方向，也讓孩子更勇於說出自己內心的想法和情意的部分。

2 守護孩子的想像力與獨特性

孩子和我們從什麼時候開始不再想像的呢？

仔細回想一下，孩子在還小時深信有聖誕老公公，長大之後卻會對我們說：根本沒有聖誕老公公，那是騙小孩的！孩子在還小時相信有魔法、有精靈與仙子，長大之後就開始不相信了呢？孩子在還小時可以拿著木頭想像那是飛機玩得不亦樂乎，長大之後妳拿塊木頭請他想像那是飛機時，孩子卻回妳：媽媽妳很幼稚耶，那是塊木頭！

小時候我奶奶跟我說不能用手指月亮，否則月亮會割你耳朵，我相信了；小時候看西遊記，我曾想像孫悟空大鬧過的海底龍宮和天庭長什麼樣子；小時候我可以想像畫出很多有趣的圖案和故事，但自從國中學習素描之後，我變得習慣看著東西畫，讓我看著畫我可以畫得很像，不看著畫還真不知道如何下筆……小時候和現在怎麼那麼不一樣！

所以，請珍惜孩子第二個寶貴的天賦與特質，也就是**豐富的想像力**，尤其是還沒進入寫實期之前的孩子。

幼兒在自然發展的情況下可以天馬行空地想像創作，但當孩子趨向寫實表現，努力學習要畫得像、畫得寫實時，通常想像力也會迅速消失，變得不大敢想像、不願意想像或甚至是不會想像。

寫實就像是標準答案，社會價值觀常要我們學會標準答案，要回答一致的標準答案。社會也傳遞給我們一個注重安全的觀念，希望我們大家要一致、不要突出、不要標新立異與眾不同。但凡事都有標準答案後就失去其他可能的想像空間，經過這樣的教育，孩子也會失去了「想像力」、「獨特性」和各種發展的「可能性」。

不同孩子經歷同一件事（或活動），孩子看到、體驗到和感受到的都不同。老師講完一本繪本故事，每個孩子因為各自的生活經驗不同，就會有不同的感受和想像，班上三十位孩子就應該畫出三十種完全不同的樣貌，因為每位孩子都有獨特的自我。

在創造力教學裡，獨創力是一種具有獨特新穎、與眾不同想法的能力。獨創力展現出每個人真實的自我，也讓每個人的人生因而變得不同。以我舉辦許多場講座與父母接觸的經驗，我發現幾乎所有父母都希望自己孩子是有創意、有創造力的，父母們也都認同有創造力的人可以開創出更好的人生，因此想要學習如何啟發孩子的獨創力。

根據一些研究資料顯示，在未來AI智能時代，知性、理性和邏輯能力會越來越不值錢，而感性、感受力、想像力和獨創力會成為人類最需要的能力，因為這些都屬於個人獨特且無法被取代的能力。兒童現在便是處在最富想像力和原始創造力的階段，也是最容易啟迪培養及訓練的階段，所以我們更應該好好把握這段時間的啟發教育。

在繪畫上，齊澤克觀察到孩子的自由塗鴉擁有比大人還要高的創作動力和創造性。他說：「兒童以一個創造者的身分來到這個世界，且依自己的想像創造所有事物。」、「他們的創造是天生的。這些天生的能力應喚醒，使其栩栩如生地活躍。」他認為孩子與生俱來的創造力需要好好呵護與啟發，因為這種創造力在八、九歲之前最容易發展，但隨著年齡越大發展會越困難，孩子變得不是固守形式（畫出制式畫法），就是會想以寫實、摹寫來替代想像與創造。

我深深了解想像力和獨特性的可貴，因此即使是趨向寫實的高年級孩子，我都會請他們仍要嘗試天馬行空、大膽地想像，甚至更用力地告訴孩子們如此「胡思亂想」不但是允許的，而且是難能可貴的，最好能想出跟別人不一樣的內容，要有自己的想法！不用看（管）別人畫什麼，就放膽去畫自己想像的圖像，那才是最重要的。因此我常跟孩子這樣說：

「你想到什麼呢？」、「可以怎麼畫呢？」、「你覺得它應該（可以）長什麼樣子？」

「你想畫什麼就畫什麼！」、「對，想到就畫出來！」、「越特別越好！」

「不用管現實中有沒有這東西，你想怎麼設計就怎麼設計，你高興它長什麼樣子就長什麼樣子！」

「你不用管畫得像不像，那不是很重要。」
「你可以幫它變個樣子，重新設計。」
「老師喜歡你自己想的。」、「不用跟別人一樣！」

我也會藉由對話讓孩子了解獨創力的寶貴：
「哇！這是你自己想出來的嗎？好特別哦！」
「老師都沒想到，你能想到這個真厲害！」
「老師喜歡你自己想的，因為那代表你！而你跟別人是不一樣的」
「你想怎麼畫就怎麼畫，因為那是你自己的畫哦！」

孩子往往不知道自己想像力和獨創力的可貴，還誤以為要滿足大人「畫得像」的期許才厲害，才是畫得好！殊不知過早趨向寫實畫法，損失的就是兒童最寶貴的想像力和原創力。因此我們要讓孩子了解到可以「天馬行空隨意地想像創作」、「畫出自己的圖像」才是最健康自然、最棒的兒童畫！

3 培養孩子的自主性

孩子第三個要好好呵護和啟發的特質，是讓孩子繼續保有自我。讓孩子知道自己擁有「選擇權」，並知道可以自己做主，而事實上，孩子也這樣希望著！這當中執行上較大的困難點或阻礙者，反而是父母或老師。

蒙特梭利替孩子發出內心的吶喊：「求求你！請幫助我自己做！」（Help me help myself!）我們要讓孩子知道他們可以自由做自己、表達真實的自己，才能讓孩子不但能保有並發展更高的獨特性，也能發展出更高的自我價值感。

孩子原本就活得很自我、很主觀、很隨性。幼兒常常想要什麼就馬上要得到、想做什麼就想要馬上去做。但我們往往教導孩子不是你想怎樣就怎樣，要聽大人的話，爸媽老師說的才是對的，要學習等待與忍耐，要多考慮別人……，因此許多孩子慢慢學會隱藏自我、委屈自己配合別人，變得習慣服從權威而不大敢表達自己的意見。

如此說來，那代表父母老師都不能教、不能管或不能要求孩子，任由孩子做任何他想做的事嗎？

當然不是。給孩子「自主性」是培養孩子獨立思考的能力，讓孩子學會觀看到自己內心的需求和渴望，讓孩子學會遇到事情可以自己先想想該怎麼做，再跟爸媽、老師討論可以怎麼做，但最後決定權應該在孩子自己身上，或是和大人達成一定的共識。

孩子要學會為自己最後的決定和行為負責，大人也要學會給予孩子適度的自主權。

當然這不是指所有事情都要聽從孩子的選擇，父母有孩子的監護權，代表法律上認為父母要為心智尚未成熟的孩子做重要事情的決定，但從小培養孩子自主能力，讓孩子有共同參與討論的練習，才能逐漸發展成心智成熟的大人不是嗎？

有這樣的體認，才能真心幫助孩子建立「自主性」，但一般我們不見得能拿捏好這「抓與放」、「鬆與緊」的份際。比較常見的情況是大人強力要求孩子聽話配合、服從規條和紀律，孩子才會在成長過程中慢慢失去了自我。

薩提爾認為：當小孩隱藏獨特的自我，為了得到愛而配合別人時，就產生低落的自我價值感。這種做法是把自我的定義交在別人手上，也把自己的權利交給別人，這不是做自己。為了隱藏真實的感受，孩子會說出他以為大人想聽的話，這就是「不一致的溝通」，這種不一致的溝通常常是低自我價值感的指標。

所以我們應該要讓孩子相信自己，讓孩子有自己的想法、做出選擇並為自己的選擇負責。不管最後結果如何，都相信自己是好的、有價值的，也引導孩子去體認每個選擇和決定帶來的後果。當然這成果並不保證都是甜美的，但這就是人生成長的歷程。

繪畫創作上，我也希望孩子能有自主性，知道美術創作是自己的事，可以自己想，想到什麼、喜歡什麼或想畫什麼都可以畫出來。引導孩子創作時，我也會告訴孩子沒有所謂的標準答案，也沒有一定要怎麼畫、沒有一定要怎麼運用的媒材技法。只要是你自己想出來的、自己思考後確定想做的，那就是最好的做法，所以我常會這樣跟孩子說：

- 「老師喜歡妳自己想的～」、「妳可以自己決定啊！」、「我們一起來想想還可以畫什麼？」

↓但其實是引導孩子自己想

- 「妳現在還沒想到沒關係，很正常啊，妳再慢慢想想，老師先去拿一下材料。」

↓故意走開

- 「妳看，妳想出來了吧！而且這很特別，老師很喜歡！」

↓用真誠而平穩的語氣告訴孩子

- 「老師也不知道妳該畫什麼，因為這是妳自己的圖畫，妳應該自己想、自己決定。」

↓大人要常裝傻、示弱，孩子才能長出更多能力和信心讓孩子知道不要依賴老師、依賴別人，自己可以作主、自己要做出選擇才是對的，然後鼓勵孩子自己想像、大膽地想像，孩子就會越來越有自我價值感，自信心也自然會提升！

孩子在小的時候需要依賴大人的愛、支持和認同才會覺得自己有價值，但在成長過程中，我們應該讓孩子自己生出力量、生出信心，透過對自我內在的認同來提高自我價值感，而不是依靠外在的認同或肯定。這個成長的責任和命運應該在孩子自己身上，而不是推給別人或期待交給別人，這樣的觀念也應該從小就傳遞給孩子！

4 培養孩子的信心與興趣

很多媽媽說：「老師，我孩子不是很喜歡畫畫，常說他不會畫。」、「他對畫畫沒什麼興趣，常常畫三分鐘就不畫了！」、「孩子很少畫畫，老師有出畫畫的作業才勉強畫一下。」

聽起來好像許多孩子都不喜歡畫畫或是不大會畫畫？

其實孩子很少有天生不愛畫畫或討厭畫畫的！孩子會說「不知道畫什麼？」、「我不會畫！」、「我不喜歡畫畫！」的原因當然有很多，孩子在成長過程中本來就會趨向想畫出具體的圖像，因此當他做不到時便容易感到挫折，而外界若再強化孩子要畫得寫實具象才是畫得好的觀點，或甚至給予畫得不像的批判與嘲笑，孩子自然會對畫畫失去信心和興趣。

對畫畫失去信心和興趣的孩子，會找各種理由不畫畫，他們可能會說太累、想不到、不知道畫什麼、畫不好、畫得不像、討厭畫畫、畫畫不好玩、畫畫很無聊、我比較喜歡剪剪貼貼、我比較喜歡玩積木……，孩子總是有各式各樣不畫畫的理由。

孩子越不常畫就越少想像思考的練習機會，對線條、圖形、顏料媒材的掌握度自然也不熟練。當孩子很少畫畫或根本就不畫的情況下，繪畫能力自然是停滯不前，如此過了半年一年之後，跟平時常畫畫、愛畫畫的孩子比起來程度自然會越拉越大。而不常畫的孩子不得不畫時（例如學校老師出了繪畫作業），看到其他較常畫畫、愛畫畫孩子的作品時自然更感挫折，也再度驗證自己的看法——我不會畫、我畫得很醜、我沒有畫畫的天分！此時孩子就進入越來越不愛畫畫的「惡性循環」。

對於這樣的孩子，家長也很苦惱，只好送孩子去學畫，希望透過老師的教導讓孩子變得比較會畫或是比較愛畫畫！其實這樣缺乏信心和興趣、落入惡性循環的孩子，他們需要的不是教他們如何畫、教他們如何臨摹，或是企圖讓他們看著畫、畫給他們看而變得比較會畫，而是應該先幫助他們建立信心和興趣，跳脫出惡性循環，並重新導入喜歡畫畫的「良性循環」軌道。

前面我們說過，只有大約四十七%視覺型孩子較有辦法掌握好具象寫實的形體描繪，但另一半孩子若依循大人的審美觀，要畫得很像、畫得比例很精確，一半孩子是達不到而容易失去信心的！他們自然也無法在繪畫上獲得成就感，又怎麼會產生繪畫的興趣呢？

我們反觀平時喜歡畫畫、對畫畫很有信心和興趣的一群孩子。他們從小畫畫大多較沒有受到大人的干擾、指導或限制，他們依照自己的心意創作，畫自己有興趣的主題、圖像，畫自己程度會畫的內容。從塗鴉繪畫或各種剪貼創作的過程中，他們建立起高度的信心和興趣，他們有空就會想畫畫或玩美勞遊戲，因此對於線條、圖形或各種媒材的掌握較為純熟。他們的作品也常常獲得稱讚而擁有成就感。這樣的成就感又回來強化他們的創作動力，因此願意花更多時間來畫畫或從事藝術創作，也因此創作表現越來越精熟，作品的表現往往超過同齡孩子，他們是進入「良性循環」的孩子。

進入「良性循環」的孩子通常都會畫出自己獨特的風格，也都會有優秀的繪畫表現，但這樣的能力和成果大都不是老師「教」出來的，而是「孩子自己發展」的。因此，我們要讓孩子變得「很會畫」或「很愛畫」，該努力的方向不是一直教孩子怎麼畫，而是致力於將孩子拉出「惡性循環」的軌道，再幫孩子導入「良性循環」的軌道。

對於較沒信心或受過傷的孩子，我往往會先幫他們建立信心，引導孩子就現階段能畫的元素、圖形及感興趣的主題內容來畫，激發他們願意畫畫的動力，進而培養出想畫畫、愛畫畫的信心和興趣。對於這些落入「惡性循環」的孩子，我常用如下對話來引導、鼓勵他們：

- 「你先畫一個〇〇看看。」

→設定一個孩子容易達成的目標，然後轉身離開，避免老師一直站在旁邊，孩子會有壓力

- 「很好啊！再畫一個吧！」、「你看你越畫越多了！」

→回來孩子身旁後，帶著肯定的語氣表示看到孩子的進展

- 「你剛剛說想不出來，現在已經畫出來了耶！老師就說你一定想得到的！」

→真誠地肯定孩子

- 「你說誰說你畫得不好？……老師不這麼覺得耶！你畫的這兩棵樹長得都不一樣，你看這棵樹的形狀畫得很特別，老師很喜歡。」

→破除孩子喪失信心的點

- 「你畫得很仔細，這個地方也要仔細地畫，像這裡一樣好哦～」、「你有想到畫什麼或想到該怎麼畫嗎？」、「嗯，很好，畫出來給老師看！」

→給予鼓勵和信心

對話中我用了許多「老師覺得」、「老師……」是為了加強孩子的信心，因為對畫畫失去信心的孩子之前大多遭受過別人的批判或訕笑，而「老師」在孩子心中有一個特殊的地位和份量，因此藉由強調「老師的看法」來動搖孩子的負向認知，再藉由「老師」的肯定獲得自信，重新建立新的正向認知。父母的角色和老師不同，即便是以「老師」的角色破除孩子的負面認知、建立信心並重新建立正向認知仍然很不容易，要說很多遍，父母則需要說「更多遍」，請父母們要有點耐心多說幾遍！

而原本就在「良性循環」軌道的孩子，除了尊重他們原本自己的發展外，可以多啟發他們的創意、加強媒材技法的應用能力，讓他們的創作更獨特、更細緻、更豐富。對於畫畫具有高度信心和興趣的孩子我常這樣說：

- 「你是不是常常畫畫，不然怎麼畫這麼好？」、「你畫的人物造型變化好多哦！你平時都在畫各種人物對不對？」

↓給予信心與評價

- 「你再想想怎麼可以讓這個人變得更特別、更不一樣？」

↓引導孩子的獨創力

•「這輛火車上還有什麼細節嗎？幫它設計出更多功能、造型或紋路，這輛火車就更棒了！」

↓引導孩子的精進力

•「你試著調出更多顏色給老師看看！」、「我覺得你這部分應該可以做得更好！你再試試看！」

↓給予更多的目標和要求

•「不想塗顏色啊？我看你畫面都畫滿了，那你只要幫主角塗色，或是塗你覺得最重要、最喜歡的地方就好。」、「你如果真的不想塗顏色，老師也不會勉強你，那你可以再多畫些內容或是把這幾輛汽車多畫一些細節出來嗎？」

↓線畫型孩子大都是處於愛畫畫的「良性循環」中，他們不喜歡塗顏色我也不會硬性要求，但會縮小塗色範圍，讓他們覺得容易達成或不會太累，自然比較能接受塗色。而對於不愛塗色的他們，我會要求他們在線畫作品上展現更多想法的獨特性和細節的描繪。

破除孩子負向思維（或標籤），把孩子從「惡性循環」導引到「良性循環」，鼓勵孩子、幫孩子建立信心再教以正向思維，讓孩子深信自己是有能力的、有價值的。當孩子真心相信，就會帶來不可思議的力量！當孩子看到自己的進步成長，就會越相信父母老師說的話，對繪畫也會更有信心和創作動力。大人一味地從旁連推帶拉自然很吃力，唯有讓孩子自己產生動力，加上父母老師的從旁協助，才能產生持續不斷的動力並帶來真實的改變。

兒童畫的重點真的都不是在教孩子該怎麼畫，而是在孩子冰山下的內心世界運作。當孩子相信自己、肯定自己，自然能發揮他們原本就具有的無限潛能！

5 邀請孩子表達

表達是什麼？就是請孩子說說自己的想法、情意、想像、創作過程和最後的作品成果。表達是一項很重要的能力，表達需要清晰的邏輯思維，需要把前因後果梳理清楚才講得出來。表達也是讓孩子了解自己的一個方式。雖然一開始孩子會說得零零落落，但透過一次次的練習，孩子便能逐漸培養出良好的表達能力。

孩子在表達時要經歷三個步驟：首先是回溯和內觀，接著思考如何表達，最後說出來。在表達的過程中，三個步驟也交互進行著。孩子要能好好清楚表達一件事、一個想法、一次創作其實並不容易，需要很多的練習，因此我常常故意問孩子問題，引導孩子練習回想、思考及表達出來。

我們問孩子問題，關心孩子畫的內容是什麼、他是如何創作的、創作時心裡在想什麼，孩子一方面被我們引導去觀看自己的內心情感或想法是如何形成與流動，去觀看自己的創作過程及成果，另一方面孩子也感受到我們的關注，他們會感覺到自己被重視、被看見了，也會覺得自己在父母老師眼裡是重要的。這樣的互動過程，孩子會更加了解自己，也讓我們更加了解孩子，孩子會感受到父母老師與他們之間心靈的連結，大大提升了親子或親師之間的親密關係。

在孩子表達的過程中，我們可以透過問話讓孩子更深刻地往內在世界探尋，幫助孩子培養往內在自我覺察的能力與習慣，也幫助孩子爬梳自己的思緒。請孩子探尋自我，尤其引導孩子覺察自己的感受、觀點、期待、渴望時，問得越具體就能讓孩子越了解自己，也學會自我覺察的路徑。

當孩子進一步碰觸到想隱藏或不敢說的感受與期望，或是探尋到自己內在的恐懼、焦慮、擔憂等負面情緒時，我們需要給予他們尊重和安全感，並鼓勵他們表達。當孩子能夠一致性地表達說出內心真正的感受，孩子也就一點一滴建立起安全感和自我價值感。

平時我引導孩子表達時會這樣說：

- 「你可以說說看這是什麼嗎？」、「他們在做什麼呢？」、「這是誰呢？」、「你好像很喜歡畫這個，有什麼原因嗎？」、「這一臺飛機厲害的地方是什麼呢？」

↓引導孩子思考

- 「他跟他說了什麼嗎？他好像很開心耶！」、「她為什麼在哭啊？是發生了什麼事嗎？」

↓引導孩子的思考加入一些感受或想像

- 「所以，你的意思是他們都是同一隊的，然後要去攻打敵人？」

↓有時孩子可能沒想那麼多，但我會故意引導孩子做更多的聯想或自己編造故事

- 「你不喜歡畫這個啊？可以跟老師說說為什麼嗎？」、「她這麼說讓你覺得很難過的原因是什麼呢？」、「所以他為什麼很生氣呢？」

↓引導孩子說出內心負向感受

- 「如果他後來跟他變成好朋友，他們可能會一起做什麼事？」、「如果爸爸也在畫裡，他會站在哪裡、做什麼事呢？」

↓老師刻意加入想像、出題目，讓孩子編造後續的發展

自我覺察及表達是需要練習的，透過不斷的練習孩子會越來越熟練，能力也會越來越好。允許孩子、真心接納孩子表達任何想像、想法和感受，是我們父母應該學習並給予孩子的自由。想像、感受其實都沒有對錯，差別只在於每個人的觀點和期待不同，大人往往都有一個自己的框框，給予孩子許多規條、觀點或限制，期望孩子的行為表現都能套進自己的框框內，但這無形中都限制了孩子的發展，也禁錮了孩子原本可以自由飛翔的翅膀。給予孩子免於恐懼的自由與尊重，孩子便得以健康地成長、學會一致性的溝通，這樣的孩子也會一輩子擁有高度的自我價值感。

在家就能聊的聊畫原則

孩子在創作時，我們能做到完全、純粹的支持與欣賞嗎？我們在跟孩子聊畫或是平日跟孩子對話時，是比較多接納和正向鼓勵？還是比較多負向批評、責備與理性分析呢？

我們在跟孩子聊畫時，總是不自覺地想要「教」孩子該怎麼畫，也習慣跟孩子說要怎樣畫才是對的、好的，更不由自主地說出批判的話語。例如我們可能不經意地說：「你怎麼每次都畫一點就不畫了？」、「你怎麼不多塗點顏色？」、「每次都畫公主（或汽車），不能畫點別的嗎？」、「這裡比例不大對，這邊應該要長一點……」、「妳這顏色調得太深了，不要調這麼深，看起來髒髒的……」

在我們為了讓孩子能畫得好以及好還要更好的期盼下，常會不自覺地出手教孩子，也會不自覺地評價、批判或指責孩子。大人不適當的觀點下，和孩子的聊畫內容及態度，其實都會打擊孩子的創作信心和興致，嚴重的話還會深入影響到孩子心理和人格發展，身為父母老師的我們不可不慎。所以我常提醒自己保持下列三個原則：

1 多點正面話語，少點負面批評

我們在跟孩子聊畫時，常帶有許多的觀點與期待，當孩子的行為不符合我們的觀點與期待時，我們常脫口說：「你為什麼……你為什麼不……」、「你應該……你不應該……」、「你不要（再）……」、「你可以不要……」、「你不可以……」、「你每次都……你怎麼老是……」

這類開頭話語其實都帶有批判性、指責性和否定性，表面上我們在「教育」孩子，但孩子聽到這些話時，其實是充滿被質問、責備和被否定的感覺，這樣的問句無形中也打擊了孩子的信心，所以請試著去覺察我們在和孩子對話時的慣用語、慣用語氣、姿態和觀點。

沒有人喜歡被指責和被否定，也沒有一位孩子可以從批判、指責和否定中變得更會畫。因此想讓孩子畫得更好，絕對不是用批判、責備或打罵的方式。

創造力學者研究發現孩子要有好的創意表現，要處在輕鬆愉悅的環境，因此我們應該用支持、肯定與鼓勵的態度，提供輕鬆愉悅的創作氛圍，孩子才能好好發揮創意。當我們能夠轉變這樣的教養方式，相信才能真正連結孩子的心，孩子也才能盡情地展現自我。

我相信父母老師的出發點都是「為了孩子好」。想讓孩子變好，應該先讓孩子相信自己有這能力，相信自己很棒、做得到，或是讓孩子感到愉悅、充滿自信和希望，如此孩子才能真正發揮出自己最大的潛能。

負面的話語只會讓孩子感到挫折沮喪，或讓孩子覺得自己畫得很差很爛、自己沒有繪畫天分，我相信所有孩子聽到這樣的負面話語，都會失去創作動力。所以我們應該提醒自己將習慣說的負面話語轉換成正向的說法，我們可以練習這樣說：

•「這房子為什麼不好好塗顏色？」

↓「你這棵樹塗得很仔細，這間房子也可以塗得一樣好嗎？」

•「你這裡怎麼不多畫一些，畫面這麼空！」

↓「你這邊畫得很豐富，這裡要不要試著加點什麼看看？」

•「妳不要再畫公主了！不會畫點別的嗎？」

↓「公主想要開車出去玩，我們送她一輛汽車好嗎？」

•「妳可以不要再模仿姊姊畫的嗎？」

↓「媽媽喜歡妳畫自己的，妳自己想出來的比較特別哦！」

如果我們真的一時難以改變負面的說話習慣，也可以練習覺察自己的說話語調或嘗試用不同的聲音把話說出來，不同的語調和聲音會有完全不同的感覺，是一項需要自制與轉化的能力。覺察自己說話的語調，可以覺察自己的情緒以及帶了什麼觀點與期待，即使是一句具有傷害性的話：「你怎麼畫這樣！」，用皮卡丘或小豬佩奇的聲音說，雙方的感受就完全不同（請務必練習看看，相當有趣）。在自己說出這樣的話語時，保持覺知，覺察自己說了什麼，覺察自己這樣說的觀點是什麼？這觀點怎麼來的？這觀點真的對嗎？孩子聽到我這樣說時是什麼感覺？這樣的話會對孩子產生什麼影響？

孩子的思維會限制住他們的世界，也可以擴展他們的世界，就看我們給了他們什麼樣的思維，以及讓他們相信了哪一個！而這樣的思維，常常都是父母老師透過語言和非語言傳遞給孩子的，我們自己越正向，孩子就擁有越正向的能量；我們越負向，孩子就會完全接收並內化這些負向能量。

2　多點引導啟發，少點教導指示

大人常以為孩子像一張白紙，什麼都不會、什麼都不懂，所以認為孩子什麼事都要教，教了孩子才會有所進步。但事實上有許多能力孩子天生就具備，只等時機成熟時自然發展出來，或是適當的時機、適當的人會將孩子的能力啟發出來。

順應孩子的自然發展可以讓孩子成長得更健康、更快樂，大人若給予孩子諸多不恰當的「教導」，許多「反教育」反而把孩子教壞了、教死了，實在不如不教。

盧梭是最早公開倡導自然主義的人，他在《愛彌兒》一書中開宗明義就說道：「出自造物主之手的東西，都是好的，而一到人的手裡，就全變壞了。」齊澤克也曾說過：「假使他和孩子們一起生活在海洋中的孤島，並且能夠讓孩子們放手創作，我們可以相信：所有孩子的創造能力都能純潔的發展。」

他們都主張不要強加大人的觀點給孩子，而應該要順應孩子不同階段的特質，引導孩子自然發展。這樣的觀點並不是否定老師和教育的價值，而是強調大人應該站在孩子的立場，給予孩子真正需要的引導。他們反對的是傳統填鴨式的教法及機械式的技法訓練，因為這樣的教法並不適合孩子。把孩子教成一模一樣，變成大人期待的模樣，孩子絕對不會發自內心的喜悅。因此齊澤克主張：「不干涉、不指導、不教孩子怎麼畫」。

齊澤克也反對傳統機械式寫實技法的訓練，他認為：「技能、畫得像會阻礙孩子表達內心與想像。在不適當的年齡就給予預先的教育，只會傷害兒童原本具有的能力。」因此不要求孩子畫得像，不要過於強調繪畫技巧，讓孩子畫他們該畫的樣貌，才會看到真正的兒童畫。

我們大人往那邊稱讚，孩子便會往那邊努力。我們若一直稱讚孩子「畫得好像」或是「你真厲害！畫得跟圖片一模一樣！」，這無疑是告訴孩子這個方向是對的、是好的，是該努力的方向。

曾經有一位社員媽媽問我：「老師，我兒子大班，不知道從什麼時候開始，他現在畫畫都要求要看著照片畫，我把照片拿走他就哭到崩潰，說他不會畫、他不會畫、他不會畫⋯無限輪迴，完全不願意試著自己畫畫看，我也不知道該怎麼辦⋯⋯」我問她孩子這樣的想法是從哪裡來的呢？家人還是學校？

媽媽說：「學校或爸爸吧，他們只會稱讚他畫得像，孩子後來就一直執著於要畫得很像，孩子可能也發現照著畫，大人給予的讚美比他自己畫的還多。早期兒子是有自己的風格的，去學校後，老師會要求他畫得像，畫得不像也會被同學說好醜、好奇怪，慢慢就變成現在這樣了⋯⋯」我聽了真是心疼這孩子。

其實對於兒童畫，大人最不需要也最不應該做的就是要求孩子要畫像一點，也不應該用許多大人的審美觀來要求孩子，但我們還是常這樣跟孩子說：

「你怎麼畫這樣？」、「你怎麼不多畫一點？」

「妳畫這是什麼？」、「妳畫得一點也不像！」

「你怎麼只用一個顏色，不會換顏色哦！」、「你怎麼一直在換顏色，認真畫好嗎？」

「你要認真看著畫啊！」、「看了還畫不出來？」

「來，你不會畫，媽媽（老師）畫給你看！」

「就是要多畫些，把畫面填滿才會好看知道嗎？」、「畫這麼少能看嗎？你上課有沒有認真啊！」

試想一個天真爛漫、充滿想像力，很開心在創作的孩子，聽到我們大人在旁邊如此「指導」或「批判」著還畫得下去嗎？難怪孩子漸漸會說：「我不喜歡畫畫」、「我畫得不好」、「我討厭畫畫」。

所以我建議孩子在創作時，大人只要在旁邊欣賞、鼓勵與讚嘆就好，孩子沒有很需要我們大人的「意見」與「教導」，真的！他們需要的是我們的支持、尊重與欣賞而已。我們大人若要介入，也是做「引導」或「啟發」的工作，而不是「教導」或「指示」。孩子真正需要被教導的頂多是一些媒材的使用方式、簡單的技法和創意聯想的思考方式而已，而不是大人認為應該呈現出來的樣貌。

所以在跟孩子聊畫的過程中，我們應該時時覺察自己有什麼觀點和期待會跑出來，然後試著先把它們放在一邊，輕鬆地跟孩子說：

- 「哦，妳畫出了一棵樹，這是什麼樹呢？」、「香蕉樹啊！有什麼動物在樹上嗎？」、「妳是怎麼想到要畫香蕉樹的，很特別耶！妳喜歡吃香蕉嗎？」

↓單純表達自己的好奇

- 「妳喜歡用一個顏色就好嗎？好啊，這樣妳可以更專心地畫妳想畫的圖案或故事！」、「媽媽喜歡妳把想法都畫出來了！畫面好豐富哦！」

↓單純表達自己的認同、支持與肯定

- 「這樣的水量和顏料混和就會有這樣的效果，妳想試試看嗎？妳喜歡濃一點還是淡一點？」、「粉彩這樣畫顏色會比較深，這樣抹顏色就變淡了，妳可以都試試看，看妳喜歡哪種效果？」

↓媒材技法示範完，引導孩子練習與嘗試，並允許孩子依據自己的喜好選擇創作形式

- 「你的火車有什麼厲害的特殊功能嗎？畫出來給老師看好嗎？」、「這裡你想加點什麼東西嗎？」、「你今天不大想畫，是身體不舒服嗎？還是還沒想到？」

↓給予孩子一些挑戰、引導或選擇

當我們的話語中沒了評價與批判，而是尊重、鼓勵與啟發，畫畫就會變成一件輕鬆愉快、沒有壓力負擔的事，相信孩子都會喜歡這樣的美術創作而樂在其中。

3 多點開放尊重，少點比較貼標

拿孩子的作品跟其他人的作比較，或是妄自幫孩子貼上負面標籤，是讓孩子內心受傷、失去創作信心、興致和動力的另一個原因。

大人愛比較、愛貼標，孩子也會養成愛比較、容易自我批判以及妄自評價別人的性格。愛比較和幫他們亂貼標籤，對於較內向、較敏感及較沒自信的孩子，更容易讓他們失去信心或甚至變得一蹶不振。

有些大人以為用比較的方式可以「激勵」孩子，所以跟孩子說：「妳要學學你姊姊用功讀書，考試都考前三名！」、「你如果可以像哥哥那樣乖乖畫多好，畫圖一點也不認真，塗顏色也隨便撇一撇，好好學學你哥哥好嗎！」然而這種說法對孩子不但沒有激勵作用，還會打擊他們、讓他們心生反感，更容易造成手足之間的仇恨、爭寵或競爭心理。

有些大人則藉由幫孩子「貼標」來宣洩自己內心的負面情緒，例如看不慣孩子畫畫過於散漫隨性的態度，於是跟孩子說：「你做事就是這麼隨便，所以什麼事都做不好！書也念不好、畫圖也亂七八糟！你就不能認真一點嗎？你如果學會認真就不會表現成這樣了！」父母對於說不聽的孩子，有時會故意說一些傷害性的話語，一來宣洩自己覺得孩子不聽話、不受教的憤怒情緒；二來可以減低孩子達不到自己框框的挫折感，對於內心自責教導無方可以有卸責的效果；三來還期望這樣的指責可以讓孩子醒悟、痛改前非後，得到好的結果。但事實上是這只會帶來負面影響。

大人不了解這樣「負向激勵」或「貼標」的話語會對孩子心理造成多大的傷害，想想我們每個大人在成年之後花了多少錢、多少時間精力去療癒童年創傷，而這些創傷就是來自於我們從小接收到大人慣用的指責打罵和嚴厲管教！

孩子不大容易相信大人說的正向話語，我們跟孩子說：「你表現得很好」、「你很努力」、「你能力很好」、「你很有天分」，孩子聽了半信半疑，還覺得我們是為了安慰他才說這樣的話。孩子需要我們多說幾次才願意相信自己是好的、是厲害的、是有價值的！但我們大人對他們說過的負向話語和批評貶損，只要說一遍，孩子就完全相信且牢牢記住。「教這麼多遍也不會，你是笨蛋嗎？」、「老師這樣畫給妳看妳還不會畫，妳根本就是個繪畫白癡！」這樣的「貼標」說一次孩子就完全接受了，且會跟著他們一輩子！所以回想這麼多年兒童美術的教學生涯，我常常覺得自己做的不是美術教學工作，更多是在做著如心理醫生般的療癒工作，幫孩子療傷、幫孩子做心理建設，幫孩子重拾信心和給予孩子能量！

阿德勒說：「幸福的人一生都被童年治癒，不幸的人用一生治癒童年。」我們希望孩子是幸福還是不幸的呢？而孩子未來人生幸與不幸，就掌握在我們父母、老師手裡。所以多點開放尊重、少點比較貼標，孩子才會有一個幸福快樂的童年。

批判話語或負面標籤不只會發生在父母身上，家中長輩更是深具「要畫得像才是好」的傳統觀念，因此常常說話傷害了孩子而不自知。許多媽媽都曾跟我「投訴」家中長輩常常對孫子孫女的作品做出許多批判和比較，讓她們既為難又頭痛。他們可能會說：

「妳怎麼畫那麼醜？妳姊姊比較會畫畫哦。」

「啊你都沒有認真畫，你看你弟弟每次都很認真，畫這麼多，你畫幾筆就不畫了！」

「妳這個孩子沒有繪畫天分，妳哥哥就很會畫畫。」

「我是為你好才跟你說，你要畫像一點！你看哥哥畫的阿嬤就看得懂，不要黑白亂畫……」

同學也是重要殺手之一，在同學間有時會聽到讓我直冒冷汗的話：

「你畫得好醜哦！」

「你畫這個根本就不像啊！你看我畫的！」

偶爾老師也可能會來踹上一腳：

「你這在亂畫一通什麼啊，你們看一下〇〇〇這樣畫就很好！」

「妳們照這幾張來畫就對了。」

「你怎麼還畫不出來阿？人家〇〇都畫出來了。」

「你畫這樣不會得獎啦，去把顏色補滿。你看要像這幾張這樣。」

你們會覺得這樣的對話很誇張嗎？其實這些內容都是社員家長們跟我分享的真實對話，都是周遭大人或同學對他們孩子說過的話。而這些家長們都表示，孩子在聽到這些話之後，就再也沒有拿起筆來畫畫了。

以上許多大人做了不應該做的事、說了不應該說的話，都起因於我們對兒童畫本質與對兒童繪畫階段發展的不了解，同時也沒有兒童本位和人本思想的尊重觀念。錯誤的觀點和認知形成我們的價值觀，然後我們就以此延續來「教育」下一代。試著回想這些話語，在我們小的時候是否都聽過呢？

孩子有沒有繪畫天分，會不會畫、畫得好不好，不會是別人說了算？別人評價的依據是什麼？他的觀念正確嗎？這都是需要質疑和打破的。但別人說的話我們總是很容易就聽進去——尤其是孩子更容易相信別人的批評。大人錯誤的認知、觀念與自以為是為孩子好的一些教育觀，最後反而阻斷了孩子原本充滿創意、健康自然的繪畫發展。因此，如果我們能夠重新省思原生家庭及社會帶給我們的觀念，在了解孩子不同階段的天性和特質後，給予孩子自由、尊重及開放性的發展，我相信每個孩子都會發展得更好、更健康！

第四章

教養和覺察

從孩子的畫看見更好的教養

看孩子的畫其實相當有趣，即使不懂繪畫心理學，光是看到孩子畫出來稚氣樸拙的線條圖案或是趣味橫生的故事劇情，都會讓我們發出會心一笑，覺得心靈獲得療癒。這也是孩子純正心靈透過畫作帶來的力量，越自然單純、隨意創作的兒童畫，越能洗滌我們日漸複雜的心靈。

我們看三、四歲以下塗鴉期的孩子，即使只能畫出一些簡單的點、線條和線團，但創作時卻比大人還要隨意自然奔放，用色更是大膽灑脫。而逐漸能畫出較具體圖形的幼稚園孩子，在沒有受到大人指導或影響的情況下，畫出來的圖案感性純真又充滿想像力，畫作中的人物大多呈現正面及笑臉，傳遞出孩子內心的潔淨無暇、歡樂自在與坦蕩真誠。

隨著孩子的年紀增長，與外在環境接觸日多，孩子受到了更多的教養和觀念薰陶，冰山下的內心世界也跟著日漸複雜化。這樣的心理變化都一一呈現在孩子的畫作上。

冰山下的內心世界

孩子從出生後就開始受到家庭中父母、兄弟姊妹和其他家人的影響。進入學校後孩子接觸到來自不同家庭的老師和同學，會見識到每個人有很不一樣的價值觀和人格特質。這樣短短幾年的「社會化」過程，孩子已經由一張白紙，一個原本內在情感很透明、內外很一致的幼兒，逐漸發展成一位能適應成人世界、群體生活，但也日漸學會隱藏和壓抑自己內心的聲音，內外開始不一致的小大人了。

這種情況對照繪畫心理學研究，我發現了一個有趣的現象。五、六歲以下幼兒大多畫出正面、笑臉的人物，也常畫出彩虹、花朵，代表他們內心的純潔光明，也代表他們真誠面對外在世界的單純心靈，會很自然地打開心裡的門窗給別人看，什麼事都可以攤在陽光下；而小學低年級的孩子，經歷過更多的家庭教養、學校教育及外面世界社會化的影響，孩子的內心開始起了變化，有些孩子已經會畫側面人物，開始學會隱藏一部分內心想法或情緒感受，畫裡出現的彩虹或笑臉也可能逐漸減少，不再那麼天真單純；到了小學中、高年級，有些孩子已經會畫出背面人物，可想而知，孩子不想面對或不知道如何面對的情況變多或變得更為強烈，也有越來越多孩子畫出生氣憤怒的表情、打鬥的劇情或晦暗深沉的顏色。

孩子內心世界的轉變，或許表現為日漸沉默寡言、謹言慎行，也或許隱藏在看似活潑開朗的明亮外表下。當孩子隱藏得越深，我們越難以從孩子的外在行為表現，了解他們內心真正的想法、情緒或感受。

孩子的求救訊號

認知行為治療之父亞伯・艾里斯（Albert Ellis）根據多年的心理治療經驗，他堅信「責備」是大部分情緒困擾的核心。「指責」是一般家庭教養、學校教育中最常見的溝通姿態。大人堅信用兇的、罵的是最快最有效的方式，總是認為「孩子就是要打過才會乖！」、「講不聽，就是欠修理！」、「他老是記不住，不狠狠罵一下不會專心！」事實上，「責備」是最傷害孩子自我價值感的行為，薩提爾最重視每個人的自我價值感，因此她強調要讓每個人「覺得自己是有尊嚴的」，這件事實在是太重要了！

但我們大部分人也都是在這樣的打罵教育中成長的，傳統式的父母明明深愛著孩子卻堅信要施行鐵的紀律，相信愛之深責之切、玉不琢不成器是絕對的真理，我們很自然地也從父母身上承襲了這些觀念而變成我們對待孩子或待人處事的觀點和習氣。責備、打罵似乎是我們唯一會的教養招式，因為我們也只會這套，我們深愛著孩子，但情境一來、火一上來，罵人、傷人、損人的話不自覺地脫口而出，不然就是開始說教、說大道理訓誡孩子。等到我們學會覺察，才發現我們是如此深刻地複製著上一代的教養方式和人生態度，幾乎一模一樣。

除了責備會造成孩子情緒困擾，家庭或學校生活中的許多事件也都會影響孩子健康的心靈。好幾次跟社員媽媽們討論孩子作品時，在討論、核對的過程中，媽媽看到了畫中孩子內心世界由明轉暗的因果關係和演變歷程，才驚覺原來自己平時生氣責備孩子、夫妻間的爭吵、因工作忙碌疏於陪伴孩子、手足之間的爭執或爭寵行為、孩子在學校的人際互動問題、學習問題等，竟然都如此深刻地影響著孩子內心世界，並呈現在孩子的畫作中！

孩子若在家庭教養、學校教育中接收到過多負向的打罵、批判、限制、規條等，內心世界就會趨向灰暗抑鬱，畫出來的人物、圖像、用色也會開始出現「異樣」，這些都是孩子的求救訊號。孩子從畫畫中得到抒發，也從畫中流露出自己內心的真實想法和情感，更透露出他們的焦慮、不安、恐懼、孤獨和沒有自信等負向心理情緒。還好如果我們能夠即時發現，便能減低或停止孩子受到的傷害，及早給予孩子溫暖、關愛與療癒，便能讓孩子重新回到健康的心靈狀態。

因此能讀懂孩子畫作中的求救訊號，真的是一項應該要普及的知識和技能，所有父母老師都應該具備這個能力。

從觀看孩子到觀看自我

大人常以為孩子的不良行為或負面情緒，是因為「孩子有問題」。抽絲剝繭之後才發現，原來孩子大部分問題竟然都來自於大人，尤其是身為父母的我們。若再進一步追根究底探尋，會發現父母身上的問題，大多又是來自於小時候原生家庭的影響——嬰幼兒時期與父母的連結情況、父母的價值觀和教養方式，這些都深遠地影響著我們的認知、觀點、期待與行為。此時，我們也才恍然大悟，原來孩子是來幫助父母觀看及覺察這個我們從小到大持續帶著、在我們身上一直作用著的「連結」。

當我們靜下心來回想「孩子與我們自己」，「我們與我們父母」的關係時，才了解到什麼叫做「一脈相承」，在我們自己身上可以看到許多我們父母的身影，例如自己急躁的個性跟爸爸（或媽媽）一模一樣，自己認真做事的態度原來是學爸爸（或媽媽），而在我們的孩子身上，也經常看到自己或另一半的影子。

好的特質、觀念、態度或習慣可以代代相傳，但不好的、不適當的就應該要停止並改變。我們從孩子的言行舉止看到自己和另一半的身影，才發現孩子一直默默學習著我們的一言一行。我們平常怎麼罵孩子，姊姊也跟著這麼罵弟弟；我們做事很急躁，孩子也不會多安定。孩子的問題常常投射出我們自身的問題，而我們的問題，又往往能從上一代那邊找到答案。

我們很難改變別人，尤其是觀念、習慣更加根深蒂固的上一輩父母。要改變孩子也不容易，因為孩子的許多個性、態度和習慣根本就是模仿複製我們，因此想改變現況最好的做法就是先改變自己，好好自我覺察並重新安頓好自己。當我們調整好自己原本較不適當的觀點和期待、修正我們較不良的態度和習氣之後，我們傳遞給孩子的身教言教就會有所不同，而這樣的改變，往往就能讓原本孩子的問題、我們自身的問題或其他任何問題都迎刃而解。

當我們學會覺察、學會觀看內在冰山、學會觀看原生家庭對我們的影響、學會積極正向的教養方式後，我們便踏上改變之旅。當改變我們的觀點與期待之後，便會改變我們的說話姿態和教養方式，而這一切的改變，也正是身為父母的我們必經的自我修煉之路，我們應該要好好感謝出現在生命中指導我們或提供我們學習機會的孩子、伴侶、家人和朋友們。

這其中又以孩子跟我們的緣分最特殊，雖然孩子表面上是受到我們教育和啟發，但我們對孩子無條件的愛也同樣開啟我們的自我學習成長之路。孩子是最願意給予我們成長機會的人，雖然我們有時仍控制不住自己的脾氣對他們大小聲，雖然我們依然習慣用著指責或說理的應對姿態來教養他們，但孩子依然在我們身邊，默默地承受著父母不成熟的表現，還是一次次地給我們機會。即使我們很慢才學會覺察、觀看內在與願意調整，即使我們仍經常在新模式與舊習氣間來來回回，但孩子看到我們的努力與改變，還是會很有耐心地等待與支持我們，孩子總是回饋給我們最真誠的愛、最溫暖的擁抱與笑容，這份愛帶給我們繼續努力成長的動力。

孩子身上有太多我們自身的投射。當我們認為孩子有問題時，其實他們是在提醒我們觀看自己，幫助我們成長，從這個角度來看，到底是誰教誰呢？

給父母的自我覺察練習

從畫作看到孩子的內心世界，了解孩子目前的狀態、遭遇到什麼問題都只能算是前半段的工作，後半段我們父母自身要做的工作是持續保持自我覺察，並開啟自我修煉的學習成長之路。

在我自己的學習成長及修煉過程（目前還很努力的學習、自我調整中），受到三位大師深遠的影響，祂／她／他們對於我自身的修行及親子教養的學習之路有很大的助益，我想在此與大家分享：

如何覺察？

佛陀的四念處與正念

佛陀在兩千五百年前就教我們不要被外在事物所迷惑，而要時時往內心觀看，若心向外求，稱為「外道」，祂認為那不是我們要努力的方向。祂在《大念處經》裡提到四念處的修行方式，教我們要時時保持在覺知的狀態中，時時覺察自己、觀照自己，這樣的覺察可從「身、受、心、法」四個面向著手，選擇其一專心修行自己的覺察工夫：

「身」：覺察身體的每個地方。包含自己的呼吸、內在身體、外在身體、身體姿勢，並且行、住、坐、臥、吃飯、上廁所等都要隨時保持對身體的覺察。

「受」：有樂受、苦受和不苦不樂受三種。修行受念處的話，佛陀要我們時時覺察自己現在是處在快樂、痛苦，或是不快樂也不痛苦的心理狀態。

佛陀告訴我們人的感受都不持久，所以只要去覺察每個感受的生滅就好。看到孩子犯錯一把火上來，內心感到非常的憤怒、難過，這是一種苦受；收到孩子親手畫的母親節卡片，內心感到非常的欣慰、喜悅，這是一種樂受。而很多時候我們是處在不痛苦也不快樂的心理狀態。當下就只要去感受它，覺察自己的心理狀態就好。

「心」：各種內在心理活動現象，例如貪心、嗔心（生氣）、嫉妒、懷疑、憂慮、滿足、喜悅……等，也可以將其視為我們的情緒、心情、情感、念頭、想法……。對於心中升起的所有念想，去覺察它，單純地觀看著所有心念的生滅就好，不用批判它。

「法」：我們可將「法」視為世間一切萬物或現象。佛陀在「法念處」是要我們覺察到

「一切法（事物）無我」，一切法無善無不善，當下就是空，就是智慧，這是修行極高的境界，我們一般人一下子較難理解，因此建議先從「身」、「受」、「心」的覺察、觀照做起即可。

佛陀要我們從「身」、「受」、「心」、「法」四的面向來保持覺知，但不是同時進行，同時覺察身、受、心、法一定會混亂，最後反而一事無成。選擇其中一種專心地覺察、觀照即可。像我比較喜歡覺察自己的「心」：對方說了什麼話、孩子做了什麼行為，我就動怒了、火就上來了（嗔心生起了）；去吃到飽餐廳用餐，明明吃得很撐還是忍不住一直拿，覺得要多吃點才夠本，覺察自己的貪念和貪吃美食的欲望（貪心生起了）。

時時覺察自己的起心動念，覺察自己變得不耐煩了、急躁了、憤怒了、想罵小孩了，覺察到自己心裡嫌惡孩子怎麼那麼笨、那麼不乖、那麼忤逆……。我們的「心」時時在更迭變動著。當然我們也有許多好的心念，當這些好的善心、愛心、關心、同情心、憐憫心升起時，一樣去覺察它。

我們可以有生氣、難過、沮喪、悲傷、怨恨……等各種較「負向」的情緒、感受，也可以有喜悅、興奮、滿足、感恩、自豪……等較「正向」的情緒、感受，不管哪一種，都接納自己擁有這樣的情緒、感受，並且只要看著它。

我們常自責面對事情時自己內心裡怎麼會有這麼多負面感受，但其實感受就是感受，它就像冬天我們覺得冷、夏天覺得熱一樣，沒有對錯，它就只是一種生心理自然的回應或現象，因此不要去批判它。我們要坦然接受自己是可以生氣、憤怒、想揍人的，只是我們要學習如何不被它完全掌控，我們要學習覺察、辨識這些情緒和感受的能力。

佛陀也教我們修行四念處的做法就是簡單地看著感受、念頭、欲望的生滅，因為這樣你會全然的觀照，不帶思考更不帶批判。

當我們想罵小孩時，可以觀察自己想罵孩子的心生起，然後覺知它，幾分鐘後，它自然會慢慢平息。在這過程中保持自己是有覺知而不是失去理智的。當我們學會把自己從情境中抽離出來，像一位旁觀者或靈魂出竅似地觀看自己、孩子和整個情境。當我們專注在觀看而不是思考該怎麼罵孩子才會聽話時，我們會突然冷靜下來。在當下、在情境中，如果我們能夠不隨境轉而做到單純地看著自己的心生起滅去，那麼我們就經歷了一次成長！而當我們慢慢學會覺察、觀照的功夫時，我們也就學會擺脫情緒對我們的掌控了。

覺察什麼？

薩提爾的理論

薩提爾（Virginia Satir）女士是二十世紀最偉大的心理學大師之一，她是家族系統取向心理治療的先驅，她鑽研了一生的研究成果對改善夫妻和親子關係特別有用，包括冰山隱喻（模式）、溝通姿態、一致性和家族治療，都是很值得父母、老師學習的理論與方法。

冰山隱喻

薩提爾發展出一種視覺化的隱喻，將人比喻為一座冰山，我們平時只看到冰山上的行為表現，但不容易看見的更大部分是冰山下的內在心理歷程和經驗。薩提爾歸納我們冰山有不同層次，從（冰山上）最上層到（冰山下）最深層次，依次為：行為、應對（溝通姿態）、感受、感受的感受、觀點、期待、渴望、自我。

薩提爾的冰山隱喻比佛洛伊德的冰山理論更具體指出了內在冰山不同層次的內涵，提供了我們具體覺察與工作的方向。

我們在觀看或處理事物時，往往只聚焦在冰山上看到的表面訊息，例如只觀看孩子的行

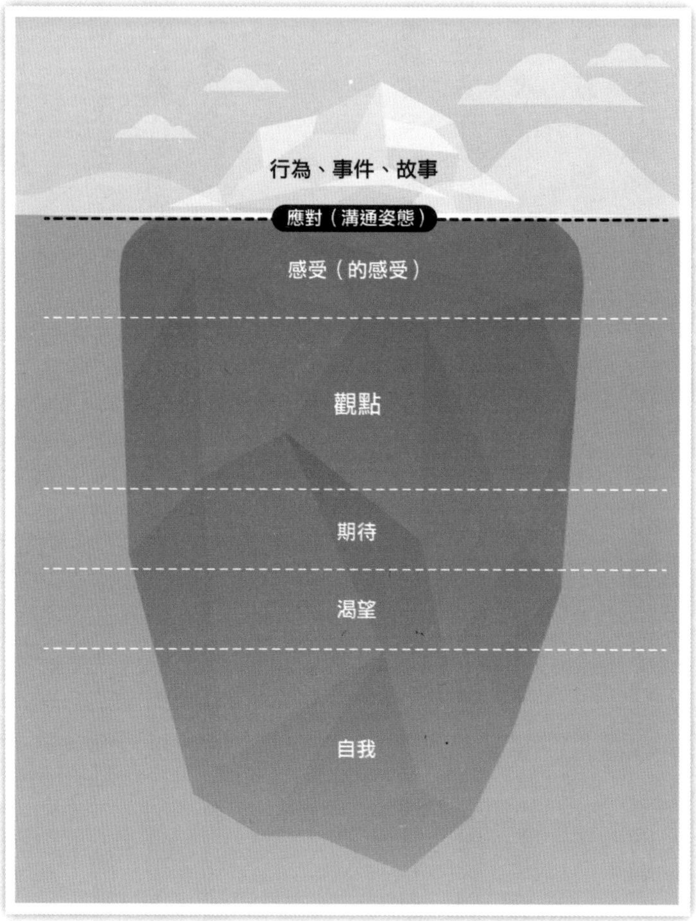

薩提爾的冰山隱喻。

為表現就認定孩子有問題，或是以美術創作來說，就是只觀看孩子畫出來的內容、形式、色彩、技法等，但我們往往會忽略往冰山下觀看，當然更大的原因是我們看不懂，也不會看。往冰山下觀看才能真正探尋孩子的內心世界，從美術創作來說，就是去觀看孩子內心的感受、觀點、期待、渴望等所投射而呈現出來的內容，也是本書著重說明的繪畫心理學內容。

溝通姿態

薩提爾喜歡運用的改變工具是「家庭重塑」（Family Reconstruction），它顯化了家庭對每個家庭成員的影響。薩提爾非常強調親身體驗，喜歡用情境劇的方式（演示過程被稱為「雕塑」[5]）讓當事人深刻體會到家庭中每個成員內心的各種感受、內在資源及溝通姿態。

她歸結出四種較不適當的溝通姿態，她觀察發現一般人在感覺到不安全時，就會使用這四種不一致的溝通模式，因此這也可說是「求生存的溝通姿態」：

5. 雕塑是家族治療常用的一種以動作演示、體驗歷程為取向的介入方式，透過每個家庭成員的身體姿勢與空間距離，顯示出家庭成員彼此溝通的真實情況。它可以將每個人隱蔽的內心或不被注意的互動模式顯化出來，具有動感、視覺上具體可見的互動歷程，可以讓參與者得到許多意想不到的心理感受與覺察。

指責：即批判、責備、打罵、否定或是命令的姿態。當我們在「指責」的姿態中，往往只顧到自己受委屈、不舒服、不滿意的地方，在乎情境，一味地責備對方而忽略了對方的原委、感受或想法等。

超理智：容易講道理，使用邏輯理性分析的溝通模式。在「超理智」的姿態中只在乎情境，即現實情況、冰山上的事件或行為，想要透過理性分析來說服對方，因此忽略了對方與自己內心的感受、觀點、期待、渴望和自我。

討好：為了得到對方的愛與認同，委屈自己來討好對方。在「討好」的姿態中，只顧著情境和討好對方，忽略了自己。

打岔：面對衝突、壓力時，選擇逃避的方式處理問題，顧左右而言他或轉移話題。在「打岔」的姿態中，只顧著逃離現場、轉換氣氛或情境，所以既忽略情境，也忽略了對方和自己。

薩提爾認為最好的溝通姿態是第五種的「一致性」，也就是兼具情境、對方和自己的方式，這樣的溝通方式既可以照顧到對方的心理感受也不委屈自己，也能夠客觀地討論情境，是目前我接觸到覺得最良善、最圓融的溝通方式，但這樣的溝通方式真的需要很多很多的練習，畢竟我們已經使用前四種方式好幾十年了。如果您也在學習薩提爾的路上，請不用氣餒自己常常又會回到前四種溝通姿態。記得佛陀教我們的方式，好好覺察它就好，不用一直批判自己，不然就會經常出現「感受的感受」而經常批判自己。

我以實際案例來說明這五種溝通姿態，例如孩子在客廳塗鴉玩遊戲時，一時興起玩得太嗨，桌椅都塗到顏色了。

在「指責」姿態中，父母可能會這樣說：「不是叫你畫畫要自己小心嗎？不要到處亂塗，你看桌子都被你畫的亂七八糟！」這種溝通姿態只描述自己的不滿、孩子弄髒弄亂的情境，但忽略問孩子的情況。

在「超理智」的姿態中，父母可能說：「我不是跟你說家裡要保持整潔嗎？畫畫時就應該乖乖坐好，好好的塗顏色，才會進步、畫得出好作品！……」這種溝通姿態只理性的描述情況、說理，忽略了自己和孩子內心的感受。

在「討好」的姿態中，父母可能說：「唉呀，畫到桌子了，好啦，媽媽知道你太開心了所以沒控制好，沒關係，媽媽收拾就好了，你玩得開心就好。」這種溝通姿態提到情境、孩子的情況，但忽略或不重視自己的感受與需求。

在「打岔」的姿態中，父母可能說：「好啦，收一收準備吃飯了，爸爸也快回來了……」這種溝通姿態為了避免衝突而刻意忽略混亂的情境、忽略孩子和自己的內在感受。

在「一致性」的姿態中，父母可以這麼說：「我想你應該是累了所以才不想收拾這些

四種求生存的溝通姿態。

材料，是這樣嗎？但不收拾這邊會很混亂，媽媽不喜歡家裡環境是這樣混亂，媽媽走過去可能會踢到或踩到這些彩色筆，有點危險。而且我們之前說好每次畫完要收拾好才能離開，你覺得我們現在可以怎麼做呢？……」在說話內容中，有先提到孩子可能的情況，或是給孩子機會說明，孩子不是一味地被指責而是有先被照顧到，接著提到情境及自己的感受和需求，最後再請孩子一同思考如何解決問題。

根據我的經驗，一般我們最常用使用的是「打罵」和「說教」，也就是溝通姿態的「指責」和「超理智」。因為我們都覺得這比較快、比較有教育成效。

薩提爾女士曾明確指出這四種較不適當的溝通姿態不是不能做，不是不能生氣罵小孩、說教、討好或想短暫逃避處理問題，而是你知道這是自己目前的選擇，並且接受選擇後可能要承擔的後果。例如選擇把小孩罵一頓，或許你的部分情緒舒坦滿足了，但接下來也許要花費更多心力去安慰難過哭泣或受到驚嚇的孩子，你也可能會自責剛剛怎麼情緒失控（出現新的「感受的感受」），或擔心將來孩子留下陰影、心理創傷等。

一致性的對話較費神，因為這違反我們的慣性，說話同時要顧慮對方、自己以及情境（事件）實在是相當麻煩且囉唆的說話及思考模式。不過換個角度想，這就是一種細膩的關懷與心思，一致性的溝通既照顧到對方，也不忽略自己，又能客觀陳述情境（事件），確實是一種較圓融、較兼顧全面性的說話方式，還是非常值得我們學習，並重新調整自己的說話方式和思維模式。

在我們初步修練時，提醒自己有所覺察就是在進步中，偶爾回到以前的慣性只要持續保持覺察，再將自己拉回新模式，如此來來回回是正常的，只要認知到：只要持續保持覺察，就已在修練的路上。

一致性

一致性還有另一層含意，就是每個人內在自我和外在表現的一致，它體現在兩個層面，一個是內在情感和外在表現是否相同，例如明明自己很生氣，卻對外嚷著我沒有在生氣；明明內心非常難過，卻對外表現一副自己沒有問題的樣子，都是缺乏一致性的表現。

另一個層面是展現在與人的互動上，內在真實想法與自己表達出的自我不一致。例如孩子為了求生存、為了獲得大人的認同與關愛、為了符合社會的期待與規範，而去迎合或順從大人、社會。這種隱藏真實自我的方式其實會造成孩子自我的價值感低落，因為他們可能必須說大人想聽的話、做大人認為對的事，或畫出大人認為是好的、美的圖畫。而事實上那不見得是孩子內心真實的想法，這就是「不一致的溝通」。

「自我價值感」也可稱為自尊，是薩提爾最重視的部分，她認為當人可以做自己、表達真實的自己時就會產生自我價值感，而要提升自我價值感的具體做法是自我照顧和自我接納。因此我們要讓孩子了解，重點是我們怎麼接納自己、看待自己及肯定自我價值，而不是依賴別人對我們的看法，或一味接受別人對我們的評價。當孩子的自我價值提高後，內在感受和外在表現就會一致，一致的人能自由地說出自己的看法、掌管自己的感受和行動，也會為自己負責。

原生家庭的影響

原生家庭是我們最早學習的地方，我們從父母和家人身上學到價值觀、家庭規條、溝通姿態並獲得歸屬感。佛洛伊德認為六歲以前的童年經驗影響我們一輩子，薩提爾也認為許多有狀況的人，都是受到原生家庭的影響。

因此薩提爾特別重視原生家庭，喜歡透過家庭重塑讓每個人重新檢視原生家庭為其帶來的影響。她認為一個有活力、能給予愛的滋潤的家庭應該為每個人培養出高自我價值感，彼此之間的溝通應該是直接、清晰、坦誠的。家裡的規條應該是有彈性、適宜、具有人性，且能依照情境而改變的。想想我們從原生家庭承繼的內容是否如此？而我們再傳承給孩子的信念和價值觀又是如何的呢？當我們學會覺察，就能夠辨識好壞，並做出新的選擇。

薩提爾另一個巨大貢獻是發展出聯合家族治療，她提醒我們看問題往往不能只看個人，而必須把家庭視為一個整體，她認為問題的產生往往包含原生家庭及現在家庭中對其產生較大影響力的重要家人。所以她會邀請全家人一起參與治療過程，一起努力達成治療的目標。透過聯合治療，了解每個人的感受是什麼、在想什麼、說什麼、對彼此有什麼期望、如何互動……等，深入了解每個家庭成員的內在心理及對彼此產生的影響。

從孩子的畫作我們看到孩子目前可能產生了什麼問題，尤其孩子畫的家庭動力繪畫圖，根據孩子畫出每個家人在做什麼事，可以明顯告訴我們孩子對於家人的內心感受為何，並幫助我們了解問題可能的起源在哪裡，提供了我們探索的方向。它也可以幫助我們了解孩子內心裡跟家人們的親疏遠近，以及心理認知上跟家人們的互動情況，幫助我們了解每個家人對孩子造成的影響。

薩提爾習慣往冰山下觀看來處理問題，她認為冰山上許多不適當的行為，往往來自於冰山下的心理問題，因此好好在冰山下工作，觀照內在冰山的感受、觀點、期待、渴望與自我，安頓好內在冰山，冰山上許多問題自然就會消弭、迎刃而解了。

覺察後怎麼調整？

艾理斯的 ABCDE 理論

前面佛陀教我們要時時保持覺察我們的身心，薩提爾教我們要去覺察內在冰山、提升自我價值感和做到一致性（的溝通），艾里斯則教我們去覺察我們的認知、放下過去錯誤的認知並設立一個健康正確的新目標，然後下定決心重新出發，就會有一個新的積極正向發展。

艾里斯提出理情行為治療（REBT）理論，又被稱為認知行為治療之父。他認為人的認知、情緒和行為都是相互交錯地影響。這裡的「認知」，可視為薩提爾冰山下「觀點」這個層次，即我們的信念、主觀認為、既有的觀念。「情緒」可視為冰山下的「感受」、「感受的感受」、「期待」、「渴望」等層面。「行為」則是冰山上表現出來的故事或事件。

古典行為學派都主張由外在行為來控制人的行為，例如透過獎勵和處罰來讓孩子變得較乖巧聽話或更加努力用功讀書。但發展到認知行為學派時，則更重視冰山上、下的交互影響，尤其認為冰山下的認知更是主導影響著情緒和行為。

艾里斯建議我們有不安、不滿、憤怒……等負面情緒時，不妨去檢視一下我們內心深處認為的「必須」與「應該」。這「必須」與「應該」的認知，也就是我們的「觀點」與「期待」，我們據此對外產生了一些要求和行為。

例如，我們認為畫畫「必須」或「應該」要塗滿顏色才完整，在這樣的觀點下產生了期待，於是我們對孩子提出畫畫必須（或應該）要塗滿或塗上顏色的要求。一般孩子面對這樣的要求可能沒有問題，乖乖地聽大人的話塗顏色，或是也學習到畫畫一定要塗顏色這樣的觀點與認知，但「線畫型」孩子只想隨性地畫畫，他們只想享受輕鬆自在的創作，也只想把腦海中的想法和故事情節畫出來，對他們來說，塗色並不是他們認為「必須」或「應該」要做的事，他們的「觀點」與「期待」與大人不同，因而和父母的要求產生衝突或感到不悅。

艾里斯也深受阿德勒「目的論」和「自我決定性」論點的影響，反對佛洛伊德的「決定論」。佛洛伊德的論點傾向悲觀地認為人們深受遺傳和教養方式（尤其是童年）的影響，要修復並不容易。但阿德勒認為雖然我們深受影響，但這並不會一輩子限制或禁錮住我們，我們隨時可以放下過去的認知或傷痛，往自己決定好的「目標」出發，人就能擺脫壞的過去而往好的方向前進了。

阿德勒告訴世人：「我們無法改變過去與別人，但可以從現在開始改變未來與自己。」艾里斯也深受斯多噶派哲學家愛比克泰德（Epictetus）觀點的影響：「人並不是被某個事件所困擾，而是被自己對於這個事件的看法所困擾。」所以艾里斯也深信：「真正困擾人們的是對事情僵化且極端的想法，而非事情本身。」阿德勒、愛比克泰德和艾里斯所要傳達的意思都是：我們是被自己的認知（觀點）所束縛住，而不是人或事件！

冰山上的行為、事件、故事可能來自於冰山下認知、情緒的影響，冰山上的行為、事件、故事發生後又回來影響冰山下的認知和情緒。所以他認為要改變冰山上的行為，應該要從改變冰山下的認知著手。基於這樣的信念，艾里斯提出了著名的「ABCDE 理論」，這套理論讓艾里斯解決了大部分患者的問題，一般人所遭遇的問題自然也相當適用：

A是發生的行為或事件（冰山上），例如媽媽稱讚弟弟畫得很好被哥哥聽到，哥哥感到不開心而大吵大鬧，還藉故出手打弟弟。

C是當事人的情緒反應（冰山下），即哥哥聽到媽媽稱讚弟弟後心裡很不開心，覺得媽媽偏心偏愛弟弟，內心產生不平衡或對愛匱乏的感受。

B是指當事人對這個行為事件（A）的認知，例如哥哥聽到媽媽稱讚弟弟畫得很好時，他內在心理原本就有一些認知存在著，他認為媽媽都只會稱讚弟弟，不會稱讚自己，媽媽根本就是偏心，較重視弟弟而不重視他，媽媽比較疼愛弟弟……等等。

一般我們都以為是行為事件（A）引發了我們的情緒反應（C），例如媽媽稱讚弟弟畫得好，所以引發哥哥不開心，覺得媽媽偏心而故意去欺負弟弟。大人一般處理方式也大多是告誡哥哥不可以欺負弟弟，教哥哥兄弟相處要相親相愛，或直接處罰哥哥欺負弟弟的行為。

但艾里斯認為問題的根源其實在於哥哥的認知（B）。哥哥因為對媽媽稱讚弟弟的這件事先有一些認知，才產生了「內心不平衡或對愛匱乏」的情緒反應。事實上哥哥的認知是正確的嗎？其實是有待商榷的。

媽媽稱讚弟弟，並不代表媽媽否定哥哥的表現。媽媽稱讚完弟弟，也許會接著稱讚哥哥。也許媽媽只是覺得弟弟較沒有信心、年紀較小較不會畫，想要藉此多鼓勵弟弟。但哥哥並沒

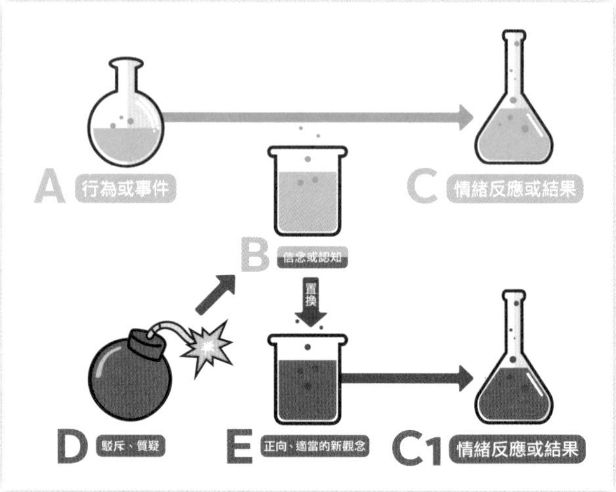

艾里斯的 ABCDE 理論。

有跟媽媽核對真實情況，而是憑藉自己的認知而產生不平衡的情緒，並做出欺負弟弟的行為。

每個人也會因為認知不同而產生不同的解讀。不是每個家庭裡的哥哥聽到媽媽稱讚弟弟畫得很好，都會產生跟這位哥哥一樣的感受或情緒反應，家裡其他成員聽到媽媽稱讚弟弟的感受和情緒反應也會不同，因為每個人有著不同的認知，例如爸爸聽到同樣的話也許不會感到不平衡、奶奶聽了也不會吃醋，但卻只有哥哥聽了之後會產生那樣的聯想及感受，因此真正的問題在於哥哥自己的認知造成了他自己心裡的不舒服！

因此艾里斯認為我們要處理或探究的，不是只有媽媽稱讚弟弟這個事件，而是更要積極去處理哥哥原本負面的認知。那要如何處理比較好呢？艾里斯認為要接著做D和E。

D是駁斥、質疑（disputing）。也就是帶哥哥去挑戰自己的原本的認知，尤其是一些錯誤的、負面的思維和觀點。此時媽媽應該帶哥哥去觀看、確認自己原本的認知是否正確？進而把錯誤的認知拿掉。所以媽媽可以用真誠的態度、平靜的口吻跟哥哥這麼釐清核對：

「你聽到媽媽稱讚弟弟，所以覺得不開心、覺得媽媽偏心嗎？」

「你覺得我們稱讚一個人而沒有稱讚另一個人，就是覺得另一個人不好嗎？」

「你之前說爸爸踢球很厲害，沒有稱讚媽媽很厲害，這樣是你偏心爸爸嗎？媽媽應該要因為你沒稱讚我而覺得你不愛媽媽嗎？」

這樣的釐清核對是先讓哥哥去觀看到自己的認知，再進一步和哥哥釐清這樣的認知是正確的嗎？是怎麼形成的？會對他或整件事情產生什麼影響？我們應該將哥哥的焦點帶到內在自我的覺察，而不是聚焦在他自己以為的偏心或缺乏愛的認知上，也不是聚焦在責備或處罰哥哥欺負弟弟的行為上。

當然在跟哥哥核對的過程中，也許我們發現媽媽（自己）對弟弟偏心還真是事實，哥哥的認知並沒有錯誤，因為一直以來媽媽（自己）真的過於擔心、在乎弟弟而忽略了哥哥，或的確偏愛弟弟，這都是有可能的。所以從父母跟哥哥的核對過程中，父母和孩子都釐清了各自的認知，也都更了解了自己原來一直帶著這些認知。

艾里斯以他多年實證的經驗告訴我們：當彼此的認知改變了，情緒也會跟著改變，問題可能就解決了。當我們釐清內心存在的認知時，如果發現過於負向或根本是錯誤的時候，就需要用新的認知來取代，而那就是E。

E是一個正向、合情合理的新觀念（effective philosophy），艾里斯認為我們要用較正確客觀、較積極正向的新認知來取代之前那個負向消極錯誤的舊想法。

例如媽媽跟哥哥核對、確認自己原本的認知後，發現過往經驗中媽媽也有很多次是稱讚哥哥的，而且當時並沒有稱讚弟弟。哥哥發現這個事實後，認為媽媽只偏愛弟弟而不愛他的這個認知就被打破了。媽媽此時可以真誠而堅定地告訴哥哥：媽媽非常愛他，對他和弟弟的愛是一樣的，沒有偏心。雖然有時候媽媽為了鼓勵弟弟會多稱讚弟弟，但那不代表媽媽就比較疼愛弟弟而不愛哥哥，或是代表哥哥不好。透過給予哥哥新的認知，哥哥之後對於媽媽稱讚弟弟，就不再產生負面情緒感受，也不會對媽媽的愛有匱乏感與不平衡感了。

ABCDE理論運用的就是阿德勒的「自我決定性」和「目的論」論點，每個人都能自主掌握自己的人生命運，而不是永遠被過往的傷痛所束縛。只要察覺出綑綁住自己的認知或觀點，破除、放下並重新選擇、設定一個更好的目標，我們就會開創一個新的、好的局面。這也是為什麼阿德勒能運用在「正向心理學」、「正向教養」的原因，因為他告訴我們命運是掌握在我們自己手裡，我們隨時可以改變現況的！

孩子，是來幫助我們內在成長的貴人

我們常常可以從孩子身上看到自己或另一半的影子，例如懶散、勤奮、溫和、熱情的個性；我們也常常被孩子的行為氣得半死或感到哭笑不得。但當孩子熟睡時，我們看著孩子天使般的臉龐，我們突然發覺孩子是這麼純真，許多孩子的「不當行為」也不過是有樣學樣地從我們身上複製模仿過去。或許有些行為表現是孩子天生的氣質、個性所致，但這不正也是老天出給我們的功課？期望我們提升自我、克服種種問題，在歷盡千辛萬苦的打怪後，獲得升級版的靈魂。

我們在教養孩子時，不管是用愛的教育或是鐵的紀律，當方法行不通時，我們生氣、沮喪、鬱悶、煩躁、後悔、不安……，我們雖然表面上罵著孩子，但內心其實暗自責備自己，難過自己做得不夠好或做得不對。我們決心要好好調整自己的觀念、控制好自己的脾氣，並且努力學習更多教養招式，主要因為我們對孩子有深深地無條件的愛。而孩子所有的表現，其實就是來演一齣劇，教導身為父母的我們該如何學習、成長與改變——孩子其實是來幫助我們成長的！

我們大人汲汲營營、想方設法地要把孩子教育好，不要輸在起跑點，將來才有比別人更雄厚的資本去面對未來的挑戰。我們總是擔心孩子學得不夠多、不夠好、不夠全面，但其實古今中外的智者最後都體悟出同樣的真理：我們應該要反璞歸真，向孩子學習。

老子教我們「為天下谿，常德不離，復歸於嬰兒」，這「復歸」二字，便是告訴我們人經歷一生在物質與名利的追逐之後，最後終於體悟到「大道是柔弱勝剛強」，人生最高的境界與修養不是功成名就，而是回到如嬰孩般的柔軟、純真，所以又說「專氣致柔，能嬰兒乎」、「含德之厚者，比於赤子」！

德國哲學詩人尼采也在《查拉圖斯特拉如是說》一書中，以三種生物：駱駝、獅子和孩子來譬喻人類精神的三段變化。我們先成為馱著傳統束縛（傳統家庭或社會價值觀）的駱駝，直到有一天我們成為有勇氣挑戰巨龍（不當的傳統束縛）的獅子，努力奮戰後（自我覺察後對抗束縛），獲得自由意志並重新建立一個自己的世界。最後，我們再度變回「孩子」，擁有隨心所欲的自由意志。

想想你現在是駱駝、獅子還是孩子呢？

回歸感性、回歸自我、時時保持覺察、觀看我們的內心世界，絕對是人生最重要也是最正確的修行方向，因為內在才蘊含著我們真正的生命，內在才是我們最寶貴的自我。

祝福您和孩子們！

family field 親子田 親子田系列 048

從畫畫覺察孩子情緒

一幅畫及時發現孩子需求，讓彼此內在連結更緊密

作　　者　賴育立（皮皮老師）
總 編 輯　何玉美
責任編輯　洪尚鈴
封面插圖　楊雅屏
內文排版　theBAND・變設計— Ada

出版發行　采實文化事業股份有限公司
行銷企劃　陳佩宜・黃于庭・蔡雨庭・陳豫萱・黃安汝
業務發行　張世明・林踏欣・林坤蓉・王貞玉・張惠屏
國際版權　王俐雯・林冠妤
印務採購　曾玉霞
會計行政　王雅蕙・李韶婉・簡佩鈺
法律顧問　第一國際法律事務所　余淑杏律師
電子信箱　acme@acmebook.com.tw
采實官網　www.acmebook.com.tw
采實臉書　www.facebook.com/acmebook01

I S B N　978-986-507-494-4
定　　價　360 元
初版一刷　2021 年 10 月
初版五刷　2022 年 12 月
劃撥帳號　50148859
劃撥戶名　采實文化事業股份有限公司
　　　　　104 台北市中山區南京東路二段 95 號 9 樓
　　　　　電話：(02)2511-9798　傳真：(02)2571-3298

國家圖書館出版品預行編目資料

從畫畫覺察孩子的情緒：一幅畫及時發現孩子需求，讓彼此內在連結更緊密 / 賴育立 (皮皮老師) 著 .
-- 初版 . -- 臺北市 : 采實文化事業股份有限公司 , 2021.10
面； 公分 . -- (親子田系列 ; 48)
ISBN 978-986-507-494-4(平裝)
1. 繪畫心理學 2. 兒童畫 3. 親子溝通
940.14　　110012488

采實出版集團
ACME PUBLISHING GRO